AF246933

LE FLORENTIN

L'art de gouverner selon Matteo Renzi

GIULIANO DA EMPOLI

LE FLORENTIN

L'art de gouverner selon Matteo Renzi

BERNARD GRASSET

PARIS

PREMIÈRE PARTIE

PALAZZO MEDICI

CHAPITRE PREMIER

Où l'on apprend que dans les palais, le pouvoir s'exerce souvent au détriment de leurs occupants – Comment peut-on être Italien ?

Au commencement était le Palazzo. Tous les étrangers qui visitent l'Italie sont frappés par le contraste entre la splendeur de nos palais et la mesquinerie de leurs actuels occupants. Des portails construits pour des colosses, traversés aujourd'hui par de minuscules adjoints et conseillers municipaux. De vertigineux escaliers en marbre, que les condottieri affrontaient à cheval, remplacés par de petits ascenseurs métalliques. Des salons couverts de fresques, à l'intérieur desquels se signaient des traités avec les émissaires de princes orientaux, de nos jours réduits à être témoins d'infimes disputes d'immeuble.

Il y a quelque temps, un correspondant du *New York Times* a tenté de résumer ses années romaines. La lumière inoubliable, le chaos des mobylettes, l'emphase des autochtones. Et puis, surtout, ceci : la contemplation d'édifices somptueux « *given over to diminished business* », consacrés à des activités secondaires. Deux siècles avant, Stendhal comparait déjà les chefs-d'œuvre austères du Moyen Âge à « l'insignifiance de ces marchesini modernes ».

Quand je l'ai rencontré pour la première fois, en 2007, Matteo Renzi occupait l'un des plus beaux palais de Florence – c'est-à-dire du monde. En tant que président de la province, il traversait chaque jour le portail du Palazzo Medici, longeait la cour dessinée par Michelozzo, escaladait les marches de l'escalier monumental et allait enfin s'enfermer dans le bureau qui avait appartenu à Cosme l'Ancien. S'il lui arrivait de tomber sur un groupe de touristes américains ou japonais, il s'arrêtait pour bavarder avec eux et, tôt ou tard, finissait inévitablement par leur dire : « *Five hundred years ago, Lorenzo de' Medici. Today : Matteo Renzi. This is the decadence of Florence !* » Les touristes éclataient de rire : « Mais qu'il est jeune ! Qu'il est drôle et sympathique ! » Pourtant, il ne s'agissait pas d'une plaisanterie, mais bien du dilemme de générations d'Italiens qui n'ont d'autre choix que de vivre dans un environnement conçu par des géants, au risque constant de se voir relégués au rôle de gardiens plutôt que de propriétaires légitimes. Avec l'angoisse de subir le même sort que ces aristocrates ruinés, contraints, par les vicissitudes d'une naissance, de consacrer leur vie à la sauvegarde d'un château de famille.

En Italie, quand les journalistes veulent désigner le pouvoir, ils écrivent « *il Palazzo* », avec l'article et la capitale. Car rien n'incarne de façon plus exacte la force et l'immobilité du pouvoir, ses privilèges et ses intrigues. Les locataires ont une importance relative ; ce qui compte ce sont la solidité de la pierre et l'indifférence du marbre. Dans *Le Guépard* de Tomasi di Lampedusa, les vrais propriétaires du palais sont les dieux représentés sur le plafond, qui reprennent possession des lieux dès que les princes de Salina leur tournent le dos.

Pendant quatre siècles et demi, le palais du Quirinal a abrité quelques dizaines de papes, une poignée de rois et les douze présidents qui se sont succédé à la tête de l'État italien depuis 1948. Une monarchie constitutionnelle a pris la place d'une théocratie absolue, pour être à son tour remplacée par une république, sans que les chérubins peints par Guido Reni sur les parois ne manifestent la moindre émotion. Il aurait fallu pour attirer leur attention bien plus que l'alternance entre une cour et l'autre, avec les mêmes visages et les mêmes ambitions, les manèges assortis et les identiques bassesses. Rien ne ressemble plus à un courtisan qu'un autre courtisan. « Il n'y a que des automates à Versailles », se plaignait déjà madame de Pompadour à Montesquieu. La métaphore du Palazzo contient tout le sens de cette continuité imperturbable qui fait enrager les peuples et, en même temps, les rassure secrètement.

Palazzo Medici, Palazzo Vecchio et Palazzo Chigi : la carrière de Matteo Renzi s'est entièrement jouée dans ces trois bâtiments de légende. Lieux de pouvoir et icônes touristiques mondialisées, à l'intérieur desquels des bureaucrates en costume cravate tâchent de se frayer un chemin entre les sacs à dos et les perches à selfie des visiteurs. C'est une condition particulière, que celle de l'homme de pouvoir à Disneyland. Elle est partagée par la majorité des politiques italiens et par beaucoup de leurs confrères européens : maires, députés, ministres. Pourtant, c'est à Florence qu'elle est la plus manifeste. Et peu de dirigeants l'ont éprouvée avec autant d'intensité que le jeune président de la province.

D'un côté, Florence est la plus petite ville

globale du monde : les millions de touristes qui la traversent chaque année, les dizaines d'universités américaines et internationales qui s'y sont installées, la plus grande entreprise de la ville aux mains de General Electric, la mode, le vin. De l'autre, Florence reste une ville provinciale de 370 000 habitants, avec ses notables balzaciens, ses potins de café et ses cabales d'assemblée municipale. Les guelfes et les gibelins avaient, au XIIIe siècle, des luttes intestines qui fissuraient le pouvoir des papes et des empereurs : à Florence, la fureur de se disputer a désormais investi les insignifiances contemporaines et les rivalités de village. La splendeur fanée des marbres et des dômes ne recèle pas moins de dangers mais, si les intrigues sont toujours là, elles ne font plus écrire de vers à Musset, se contentant de remuer un peu le calme d'une métropole de touristes et d'héritiers.

Le Palazzo Medici-Riccardi, le premier bureau de Renzi, tout jeune président de la province de Florence dès 2004, est un peu le symbole de cette contradiction. D'une part, il s'agit du chef-d'œuvre de Michelozzo, construit pour Cosme de Médicis, qui fut le patriarche de la plus célèbre dynastie de banquiers de tous les temps. De l'autre, le palais est encore le siège d'un pouvoir, bien que *diminished*, comme le dirait le journaliste du *New York Times*. Dans la surabondance baroque des institutions qui gouvernent l'Italie, la province est l'une des plus inutiles. Écrasée entre la commune et la région, deux niveaux de gouvernement dotés de compétences et de ressources considérables, elle survit péniblement, en essayant de pallier son impotence par des dépenses visibles, quoique limitées, sans jamais jouer les premiers rôles. C'est pourquoi, distraits ou inconscients, les cadors de la gauche qui depuis cinquante ans gouvernent la Toscane ont, un beau jour de 2004, commis l'erreur fatale de confier la province de Florence à un jeune homme à lunettes de vingt-neuf ans, apparemment inoffensif, toujours vêtu de complets trop grands pour lui.

En tant que président, entre 2004 et 2008, Renzi fait ce qui lui est possible de faire, c'est-à-dire peu de chose. Ainsi, il réaménage une partie de l'autoroute qui relie Florence à Pise. Il crée un festival (le « Génie florentin »…) et une web-télé. Il envoie des bouquets de fleurs aux femmes qui deviennent mères. Surtout, il prend le temps de regarder autour de lui. Et ce qu'il a sous les yeux, remarque-t-il, c'est une ville et un pays, qui se sentent las.

Partout, Renzi constate un complaisant respect pour la tradition, et d'introuvables aspirations au renouveau. Un immense potentiel créatif et un cortège de lamentations, de scléroses, d'archaïsmes. Un peuple, insatisfait, d'antiquaires et de rêveurs. Florence s'est endormie. Et l'Italie répète, sans plus y croire, les mêmes refrains vieillissants.

À son échelle, Renzi ne peut presque rien faire. À la tête d'une institution sans pouvoir, dépourvu de notoriété et de réseaux, anonyme au-delà de la Toscane, Renzi ose à peine imaginer qu'on puisse, en Italie, réveiller ces vieux palais et chatouiller les angelots habitués au silence. Pourtant, en quelques années, le Florentin va créer une dynamique inédite, et parvenir à s'installer à la tête de l'État. Et cela passe d'abord, chez lui, par une analyse impitoyable de la crise politique italienne.

CHAPITRE II

Où l'on voit qu'avec Berlusconi, tout change pour que rien ne change – Ce que faire de la politique en Italie veut dire.

« Quiconque arrive à Florence de l'extérieur avec le rythme du monde moderne dans les veines – disait la poétesse allemande Isolde Kurz – se sent comme une balle qui s'enfonce dans un sac de laine. »

Dans un monde dominé par l'innovation et l'accélération de toute chose, la mission de l'Italie est de conserver et de ralentir. Et ce n'est certainement pas un hasard si les premières mesures pour la protection du patrimoine artistique ont été prises ici. À Florence, l'interdiction de modifier les façades ou les ornements de valeur remonte à une loi de 1571.

Si l'Italie a beaucoup innové, au cours de son interminable histoire, la division du travail imposée par la mondialisation la pousse à présent vers un destin immobile. C'est ce dont rêvent les nouveaux maîtres du monde tandis qu'ils travaillent, du matin au soir, dans leurs bureaux de Houston ou de Singapour. Ils y forment le songe d'une Italie de parc d'attractions, où l'on paie pour voir exactement ce que l'on supposait y rencontrer. Ainsi faut-il que rien ne change dans la péninsule, afin de ne pas décevoir l'idylle du couple de Yokohama qui retrouve les images de cartes postales, et se promène avec ravissement entre la via Tornabuoni et la piazza della Signoria.

Le tourisme occupe le pôle opposé à celui de la révolution dans la conscience de l'homme moderne. Conservation à l'état pur. Au risque de mettre une ville entière sous une vitrine de cristal, avec à peine assez d'oxygène pour laisser survivre quelques gardiens de musée en uniforme. L'Italie n'a jamais produit de révolution qui dure plus de deux semaines. En revanche, son identité moderne s'est largement bâtie sur les guides touristiques.

C'est dans le miroir du Grand Tour, le voyage d'apprentissage que les aristocrates européens effectuent à partir du XVIe siècle, que l'Italie prend conscience d'elle-même. Avant d'être unifiée par Cavour et Garibaldi, la péninsule a été unie dans les Mémoires de voyageurs. Les milliers d'étrangers qui ont traversé pendant des siècles une nation divisée, à la recherche d'une vocation commune, ont donné une contribution puissante à sa construction. Les Italiens leur doivent la redécouverte d'une partie importante de leur identité.

Au printemps 2004, quand Renzi atterrit au Palazzo Medici, les commandes du parc d'attractions italien sont déjà depuis longtemps aux mains d'un personnage lisse et souriant, toujours vêtu de costumes croisés qui soulignent sa virilité et sa petite taille. À l'opposé des pauvres diables qui étaient aux affaires avant lui, Berlusconi n'a aucun besoin d'habiter les palais de la République. Il a le sien, et ce dernier est beaucoup plus confortable que la somme de tous les bureaux et les résidences d'État. Si une cérémonie officielle l'y force vraiment, le Cavaliere parcourt les quelques centaines de mètres qui séparent son palais de celui qui abrite formellement le président du Conseil. Sinon, il reste tranquillement au Palazzo Grazioli, entouré de ses biens et de ses relations, jouissant d'une absolue discrétion, ainsi que d'un niveau d'agrément bien supérieur à celui escomptable entre des murs publics.

Les étrangers – et particulièrement les Français – n'ont jamais compris le lien qui s'est instauré entre les Italiens et Berlusconi. Quand ils s'y penchent, les observateurs internationaux imaginent que le Cavaliere a patiemment corrompu son peuple avec ses milliards, qu'il a manipulé l'Italie avec ses chaînes de télévision, alliant ainsi la désinvolture des Borgia et l'efficacité d'une dictature orwelienne. La vérité est à la fois moins complexe et plus décourageante. C'est moins de l'ensorcellement médiatique, de la manigance par caméras, de l'achat de voix à plus ou moins grande échelle, qu'un banal consentement tacite. « Je n'ai pas peur de Berlusconi en soi – disait le chanteur Giorgio Gaber : j'ai peur de Berlusconi en moi. » Ainsi, à partir de la moitié des années quatre-vingt-dix, Berlusconi s'est imposé comme l'interprète naturel du parc d'attractions italien. Celui qui a réussi à satisfaire de la façon la plus efficace notre vocation à l'immobilité.

En Italie, c'est bien connu, les apparences sont plus trompeuses qu'ailleurs. En observant l'intérêt obsessionnel qu'ils nourrissent pour la politique, la ferveur sportive avec laquelle ils en suivent le moindre développement, l'aura de puissance et de célébrité qui enveloppe le plus insignifiant des secrétaires d'État, on pourrait imaginer que les Italiens ont une confiance absolue en l'action politique. Mais c'est bien le contraire qui est vrai. Les Italiens suivent la politique comme un match de football, en s'amusant et en se désespérant. Ils peuvent en venir aux mains, quand ils en parlent, et aller jusqu'à simuler le suicide. Le temps d'un débat ou d'un scrutin, il pourrait sembler que leur vie entière dépende d'un penalty accordé ou nié, de la foulée de l'avant-centre, des réflexes du gardien de but. Mais la minute d'après, ils éteignent la télévision et reprennent le cours de leurs existences, avec la tranquillité de ceux qui savent que ce n'était qu'un jeu, que la réalité est ailleurs. C'est, d'un côté, le baroque éternel de la vie publique, les tambours et les moulures, les homélies et les dorures ; et puis, en dessous, chacun se mêlant de ses affaires en essayant de s'octroyer le plus de liberté possible, à l'ombre des contraintes suivies par d'autres. Aussi il est peu d'endroits au monde où la politique soit plus visible et moins importante que dans la péninsule. Le caractère national poussait déjà Mussolini à secouer la tête avec résignation. « Gouverner les Italiens, disait-il, ce n'est pas impossible, c'est inutile. »

Il y a vingt ans, Berlusconi s'est inséré dans ce cadre avec un certain panache. S'il est vrai que, lors de sa première apparition, il avait promis une « révolution libérale » censée affranchir l'Italie de l'emprise de la politique à l'ancienne, peu de mois de gouvernement ont suffi à prouver l'insoutenable légèreté de l'homme d'État et l'irrépressible instinct de l'homme d'affaires. Les scandales n'ont pas encore apporté la sarabande fellinienne des fêtes et des excès. Pourtant, derrière les cheveux gominés et les fanfaronnades, Berlusconi touche à tout sauf au bien public. L'homme qui a deux amours, son pays et son empire, va, peu à peu, savoir trancher dans ses indécisions romantiques, et s'occuper de ce qui l'intéresse vraiment, c'est-à-dire lui-même.

En attendant de découvrir les coulisses du spectacle, les Italiens qui ont continué à voter Berlusconi l'ont fait dans un seul but : qu'on les laisse en paix. Et, au moins sur ce point, le Cavaliere a pleinement rempli leurs attentes. Pendant vingt ans, Berlusconi a été le gérant idéal du parc d'attractions de l'immobilisme, le métayer agréable et peu tracassier d'un pays endormi. Il ne s'est attaqué à aucune rente ni à la moindre réforme, en appliquant en tout point le principe du père Queuille : il n'est pas de problème dont une absence de solution ne finisse par venir à bout. Au fil des ans, l'Italie a continué à vieillir, la dette publique à croître, les rentes et le chômage n'ont pas cessé d'augmenter. Mais le génie du personnage a consisté à recouvrir cette situation, plutôt morose, avec le carnaval permanent des inventions et des excès. Imperméable à la crise, indifférent au déclin, Berlusconi est le prototype même de l'Italien de bonne humeur. Chaque jour est l'occasion pour lui de célébrer la liberté de ton et de vie propre à cet ancien pays incrédule et flegmatique. Ses sourires, ses blagues, sa façon de faire la cour et de se regarder dans une glace sont ceux d'un peuple entier. De ce peuple, le Cavaliere a été le *dealer*, le pourvoyeur de songes, bien avant de s'occuper de politique. Il lui a d'abord vendu des petites villas qui faisaient rêver les jeunes couples de Lombardie, et des appartements de luxe propres à émerveiller les nouveaux riches de Milan. Puis, il l'a diverti avec ses émissions, qui ont remplacé la sévérité de la télévision d'État par le spectacle paillard de la consommation des corps et des biens. Ensuite, il l'a fait rêver avec les triomphes de l'équipe de Milan, en prouvant qu'il n'y a pas de limites pour celui qui sait ce qu'il veut, celui qui croit en son destin.

Finalement – et seulement à la fin de cette marche consulaire postmoderne – Berlusconi a abordé la politique. Où il a continué à refléter l'image du stéréotype national, grossie dans ses défauts ainsi que dans ses qualités. Car il est clair que Berlusconi a des qualités. Il serait impossible de comprendre, sinon, la façon dont il a pu se maintenir vingt ans à la tête d'un pays qui ne tolère pas le pouvoir. Qui l'émiette avant même de l'avoir attribué. Qui se gouverne tout seul et ne concède que très rarement le sceptre au-delà de quelques mois.

Avant tout le monde, le Cavaliere a compris que l'époque du politique comme figure d'autorité était révolue, et s'ouvrait celle du politique comme produit. Le temps des sages républicains était clos ; venait le désir d'avoir, à la tête de la nation, un acteur de reality show, placé sous les lumières d'un divertissement permanent, et qui apportait moins des solutions ennuyeuses que des rêves agréables.

En se présentant comme un membre du star-system, plus qu'en homme politique ; en misant sur les grandes émotions collectives du spectacle et du sport plus que sur la propagande classique ; en communiquant à coups de promesses, de blagues et de défis, Berlusconi a su intercepter les passions qui traversent une société revenue de toutes les idéologies et vouée au culte de la consommation. Avec ses sept villas en Sardaigne, les paillettes télévisuelles et son sourire en plastique, le Cavaliere est devenu le rêve américain du parc d'attractions italien, le fantasme sénile d'un très vieux pays voué au culte de la jeunesse.

Septuagénaire jamais sorti de l'adolescence, constamment rajeuni par les liftings et les transplantations de cheveux, sur ce point aussi Berlusconi a été le miroir de l'Italie. Un exact reflet des générations entières de mères et de grands-mères habillées comme leurs filles et leurs petites-filles, de pères copains et de grands-pères encore à la recherche d'émotions fortes, entre Viagra et aides-soignantes ukrainiennes. Une communauté où tous se tutoient et chacun suit le rythme des compteurs caloriques. Une république où l'autorité est le seul ennemi, l'unique bouc émissaire. Un peuple qui place la télévision comme aspiration suprême et, plus qu'à la Constitution, lui demande de dicter les normes.

« À quel âge peut-on se considérer vieux ? » avait demandé à l'époque un institut de sondages. Quatre-vingt-douze ans, répondent les Italiens. Un an de plus que l'espérance de vie moyenne. Au pays de Berlusconi, seule la mort clôt la jeunesse. Et, dans ce syndrome de Peter Pan qui touche un peuple entier, encore plus que les injections de collagène, c'est la pensée magique, avec ses coupables faciles et sa complaisance apitoyée, qui aide pour de bon la population à ne pas se sentir vieillir.

L'Italie de Berlusconi est un film de Sorrentino. Un groupe de messieurs vieillissants qui dansent jusqu'à l'aube au rythme de la techno la plus vulgaire du monde. Les néons, les corps en sueur, une chansonnette de Raffaella Carrà remixée par Bob Sinclar. Un monsieur chenu, vêtu d'une chemise blanche, se dandine vers une grande brune aux faux seins, un verre à la main. La femme le repousse, mais il ne s'en rend nullement compte, prend une nouvelle gorgée, et continue ainsi à trottiner rêveusement, sur le bord du gouffre.

CHAPITRE III

Où l'on voit les impasses de la gauche italienne : du maoïsme au taoïsme – Tableau mélancolique d'une génération née trop vieille dans un monde trop neuf.

Face à la Grande Bellezza de Berlusconi, la gauche a longtemps été désemparée. Rien ni personne, dans la prestigieuse généalogie des Gramsci et des Pasolini, ne l'avait préparée à se confronter à un adversaire comme le Cavaliere. Au début des années quatre-vingt, alors que Berlusconi initie les téléspectateurs italiens aux premières soubrettes topless et aux premiers spots publicitaires, Enrico Berlinguer, le secrétaire du Parti communiste, déjeune lui tous les jours dans son bureau de via delle Botteghe Oscure, au cœur de Rome. Sur une petite table dressée par son assistant, le leader consomme invariablement le même repas : une modeste tranche de veau ou de jambon et quelques légumes cuits. Ses camarades de l'époque racontent qu'être invité à sa table est synonyme de carême.

Berlinguer porte presque toujours le même costume marron, un peu élimé. Parfois, il sort un bonbon de sa poche et le dépaquette soigneusement. Quand on lui propose de participer à un talk-show il secoue la tête, en s'excusant, presque : « Je ne crois pas être fait pour ça, je ne souris jamais. »

Ainsi était fait l'homme qui a formé tous les leaders de la gauche italienne du dernier quart de siècle, le père spirituel, la référence idéologique et morale de toute une classe dirigeante. C'est lui qui, entre la fin des années soixante-dix et le début des années quatre-vingt, a indiqué la nouvelle voie à un Parti communiste menacé par le déclin du modèle soviétique. Et il l'a fait en parfaite cohérence avec sa personnalité austère.

Berlinguer a remplacé les certitudes idéologiques en chute libre par un petit mot magique : la *diversità*, c'est-à-dire la différence. Dans un pays décadent et corrompu, où le communisme a de moins en moins de chances de l'emporter, le leader communiste exhorte ses disciples à rester purs. Si le Parti ne peut plus être le héraut d'une révolution, il faut du moins qu'il reste différent, un rempart d'intransigeance et de supériorité morale, par rapport à la vulgarité de la société de consommation et à la gangrène du système capitaliste.

À la mort de Berlinguer, son legs a été tout à la fois la bouée de sauvetage et le fléau de ses héritiers. D'une part, le Parti communiste italien a pu survivre à la chute de l'URSS, en remplaçant le marxisme par la *diversità*, la supériorité morale qui lui a permis de surfer sur la vague de l'énorme scandale politico-financier Mani pulite, les affaires qui ont anéanti la Démocratie chrétienne et le Parti socialiste au début des années quatre-vingt-dix.

Mais le prix à payer pour ce miracle a été la marginalisation de la gauche pendant les années Berlusconi. Si elle a garanti la survie des petits-fils de Berlinguer, la *diversità* les a enfermés dans une réserve indienne, coupée du monde réel et de ses évolutions. Finalement, de quoi la gauche de Berlinguer veut-elle se différencier ? De la majorité des Italiens, qu'elle juge décevants et corrompus. Là où Berlusconi se propose comme un miroir tendu aux Italiens, avec leurs vices et leurs qualités, la gauche prétend leur être supérieure. La *diversità* est une gauche avec le petit doigt toujours levé, qui reproche et condamne, qui demande de faire encore un effort et réveille le sentiment de culpabilité.

En cela, elle se relie à toute une tradition

qui traverse l'histoire de l'Italie depuis la fin du XIXe siècle. « L'Italie faite, il faut faire les Italiens », disait déjà Massimo D'Azeglio, un des héros du Risorgimento. Et depuis, cette idée que les Italiens ont besoin d'être « faits » n'a jamais cessé de hanter les intellectuels de la péninsule. Comme si les indigènes étaient inadaptés à la modernité et qu'il était donc nécessaire que l'on corrige par la force leur nature, fatalement approximative et débordante. Dans les *Cahiers de prison*, Gramsci accumule implacablement les preuves de la faiblesse de ses compatriotes, les clouant au pilori pour leur irrémédiable insuffisance.

Les leaders de la gauche des années quatre-vingt-dix et deux mille ont été très fortement imprégnés de cette culture. Ils ont alors sous les yeux une société transformée par la consommation et par la télévision commerciale, traversée par des peurs et des aspirations contradictoires, mais ils ne s'abaissent pas à tenter de la comprendre. Ils considèrent que tout cela est bien irrationnel, et que leur devoir consiste à détourner les Italiens de ces pulsions enfantines, pour leur expliquer les vrais problèmes du monde. L'objectif de cette gauche n'est pas de répondre aux questions que les Italiens lui posent, mais de les persuader de changer de questions.

Quand ils s'inquiètent du poids de la fiscalité, le ministre des Finances du gouvernement de centre-gauche répond que « payer les impôts est magnifique ». Quand la peur de l'insécurité se fait sentir dans les milieux populaires, le gouvernement Prodi répond en ouvrant les portes des prisons par la loi d'amnistie de 2006. Pour cette gauche, la majorité qui conduit Berlusconi au pouvoir ne fait pas simplement un choix politique légitime et donc potentiellement réversible. Cette majorité au contraire est composée d'imbéciles et de criminels, c'est elle qui a toujours plombé les ailes de l'Italie, la même qui a porté Mussolini au pouvoir et qui plébiscite aujourd'hui son Cavaliere.

La gauche de la *diversità* a l'obsession de Berlusconi. Elle le considère comme un malfaiteur qui ne doit pas être battu avec les armes de la politique, mais avec celles de la justice. Au lieu d'articuler un projet pour l'Italie, elle concentre toute son énergie à la destruction de l'adversaire, le replaçant ainsi continuellement au centre du débat public. Au cours des vingt ans qui séparent 1994, date de la première victoire électorale de Berlusconi, et 2013, date des dernières élections législatives, la gauche est, la plupart du temps, dans l'opposition. Et quand elle gagne, c'est uniquement parce que le Cavaliere s'est autodétruit. Il s'agit de victoires passives, liées aux erreurs de Berlusconi plus qu'aux mérites de la gauche, généralement obtenues avec des marges très réduites, qui conduisent à des gouvernements faibles, divisés sur tout sauf sur la haine de l'adversaire.

Paradoxalement, la gauche antiberlusconienne a été, pendant vingt ans, la meilleure alliée de Berlusconi. Elle l'a placé au centre de la scène et n'a jamais accepté que quiconque essaye de lui voler la vedette, en proposant éventuellement quelque chose de plus attrayant que les légumes cuits de Berlinguer pour concurrencer ses huîtres au champagne. C'est ainsi qu'elle a vieilli dans la tristesse, toujours conduite par les mêmes hommes et vouée aux mêmes défaites. De maoïste, la gauche italienne du XXIe siècle est devenue taoïste, en passant des lendemains qui chantent à l'acceptation passive de l'éternel retour à l'identique.

Si, en 1996, le gouvernement Prodi était parvenu à exprimer un certain degré d'innovation politique, en devenant le seul gouvernement de gauche à passer la barre des deux années de vie, tout ce qui a suivi n'a été qu'un *Truman Show* livide, peuplé des mêmes personnages de plus en plus fatigués, face à un Berlusconi capable de rajeunir comme Benjamin Button.

Prodi lui-même est revenu aux affaires en 2006, entouré des hommes qui étaient déjà à ses côtés dix ans auparavant, pour un tour de manège lugubre qui sera sanctionné en 2008 par le énième raz-de-marée électoral en faveur du Cavaliere.

Si Berlusconi a été le visage jouissif, carnavalesque de la gérontocratie italienne, la gauche en a incarné le profil plus mélancolique. Otage des syndicats et de sa propre faiblesse, elle n'a rien fait pour combattre la tendance italienne à la conservation et à la rente. Et à l'intérieur de ses rangs mêmes, elle n'a pas su garantir le minimum de rénovation qu'on pourrait attendre d'une formation politique, surtout quand elle ne cesse de perdre. Parmi les quarante-cinq fondateurs du Parti démocrate, né en 2007 de la fusion des deux principaux partis du centre-gauche, il n'y en a pas un seul qui compte moins de quarante ans.

Dans un contexte de ce type, il n'est pas difficile de comprendre pourquoi Renzi a pu être perçu comme un ovni. Comme si, au milieu du salon des Guermantes, que le narrateur de Proust décrit comme le temple moussu et sénile de la vie passée et de l'âge des ruines, un tout jeune homme remplaçait le thé de cinq heures par du gin-tonic, changeait la musique et ouvrait les fenêtres.

CHAPITRE IV

Comment Renzi, enfant de la Démocratie chrétienne, se distancie de la caste – Ce qui s'est passé à Cerreto Guidi. Être Florentin, entre la violence et le sacré.

Le 22 janvier 1994, à sept heures du soir, des millions de ménagères, de retraités, d'employés qui viennent de rentrer chez eux accomplissent, par le même geste, un rituel national. Ils débarrassent leur plan de travail, attrapent une casserole, font bouillir de l'eau pour les pâtes, puis, comme le fait chacun dans ce pays, branchent leur poste sur la cinquième chaîne, pour suivre le jeu télévisé par excellence : « La Roue de la fortune ». Ce soir Mike Bongiorno, un monument du petit écran, brushing orangé et sourire de bateleur, reçoit un jeune homme à l'air un peu guindé, habillé d'un improbable costume anthracite, chaussé d'une énorme paire de lunettes de premier de la classe. « Je viens d'un petit village près de Florence, Rignano sull'Arno. Mon hobby est de faire l'arbitre de football. » Mike ne peut s'empêcher de rire : « Mais pourquoi donc perdre son temps à faire l'arbitre ? Avec toutes les insultes que vous devez entendre... »

Le baptême télévisuel de Matteo Renzi ne se produit pas lors d'un JT ou pendant une émission politique. Il a lieu non seulement dans un jeu télévisé, mais dans un programme qui est l'œuvre de Berlusconi. Difficile d'imaginer une hérésie plus radicale, par rapport aux dogmes de la gauche « différente » des héritiers de Berlinguer. Dans la vision de cette gauche-là, « La Roue de la fortune » n'est pas qu'une simple émission télé, elle incarne la vulgarité de l'influence américaine, le triomphe de l'inculture, la célébration de l'argent-roi : tout ce qui constitue l'essence du berlusconisme, certainement le début de la corruption morale de la nation, peut-être même la fin de la civilisation.

Matteo Renzi, dix-neuf ans, n'a aucune de ces pensées. « La Roue de la fortune » est une émission. Des millions de personnes la regardent, à commencer par ses parents et les parents de la majorité de ses amis. Si on a la chance d'y être invité, on essaye d'y gagner un peu d'argent et un petit quart d'heure de célébrité. Après, on rentre sans tergiverser à la maison et on reprend studieusement ses devoirs.

Et c'est exactement ce qui se passe. Renzi résiste pendant cinq épisodes, remporte quarante-huit millions de lires (vingt-quatre mille euros) et retourne à Florence préparer son droit public. De son point de vue, « La Roue de la fortune » n'est rien de plus qu'un divertissement. Le spectacle, la consommation et le risque font partie de son ADN.

Pourtant, le Renzi de cette époque est bien loin d'être une créature de l'hédonisme berlusconien. Le milieu dans lequel il a grandi est celui du catholicisme toscan, « le cloître des fous de Dieu », qui a formé des générations de prêcheurs intransigeants, de Savonarole à Giorgio La Pira, le maire-saint de Florence des années cinquante. C'est un petit monde austère et travailleur, étranger aux hiérarchies ecclésiastiques romaines, attentif à la dimension sociale, mais viscéralement anticommuniste.

Aujourd'hui encore, il ne s'agit pas d'une culture que Renzi revendique ouvertement, tout en ne faisant rien pour la dissimuler, et son importance, dans la vie ainsi que dans les choix personnels du Florentin, continue d'être considérable. Le style même de ses allocutions a été visiblement influencé par les accents des sermons du dimanche. Comme Obama, dont la rhétorique recèle elle aussi la trace des longues heures passées sur les bancs des églises évangéliques de Chicago, Renzi affectionne les passages lyriques et les tons messianiques. En l'écoutant parler, on a parfois l'impression qu'il ne manque qu'une parabole biblique ou une citation du Nouveau Testament pour compléter son effet.

Cela dit, l'éloquence du Florentin n'a rien du cardinal. Nul n'est plus distant de la prétention que l'esprit toscan. À Florence, la culture catholique, tout comme les autres aspects de la vie sociale, est imbue de cette irrévérence foncière qui pousse depuis toujours les natifs à se moquer en public des papes, des rois et des empereurs. Le pape Médicis Clément VII racontait en souriant que, quand il recevait Michel Ange, il devait se dépêcher de regagner son siège, par peur que l'autre ne s'asseye à sa place avant lui. Aucun pouvoir, ni temporel ni spirituel, n'est à l'abri de l'effronterie du Toscan, de son ancienne et sarcastique liberté.

Émancipés en premier de la tutelle de l'empereur, toujours récalcitrants face à celle du pape, les Florentins ont gardé du Bas Moyen Âge le privilège d'une insolence universelle. Un grand critique littéraire a écrit, à propos de l'un des auteurs préférés de Renzi, G.K. Chesterton, que vu de face il avait l'aspect d'un évêque, « mais l'évêque tourne le dos et, par-derrière, il a l'aspect d'un clown ».

Dans un pays où la foi coïncide depuis toujours avec la hiérarchie et l'organisation du pouvoir, le catholicisme de Renzi échappe à toute classification pour assumer un caractère presque subversif. L'impatience du Florentin par rapport à toutes les formes de discipline et de subordination le fera souvent entrer en collision avec les institutions vaticanes. « L'Église devrait s'occuper moins des Pacs et plus de Jésus-Christ », affirme-t-il déjà en tant que président de la province, sur la question des unions civiles pour les couples de même sexe. Et quand, à la même époque, Berlusconi se courbe ostensiblement pour baiser l'anneau du pape, Renzi, lui, interrogé pour savoir si, en qualité de catholique, il aurait fait de même, répond tranquillement que non. Parce qu'un membre des institutions doit représenter tout le monde, et que la foi est un fait privé. Paradoxalement, le plus catholique des leaders politiques italiens est aussi le plus laïque. Nous y reviendrons.

La même combinaison de tradition et de

subversion se retrouve dans la formation politique du Florentin. D'une part, il y a l'école
de patience de la vieille Démocratie chrétienne.
Le parti qui a gouverné l'Italie pendant un
demi-siècle était peuplé d'hommes sans phy-
sionomie précise, qui ne regardaient jamais
leurs interlocuteurs dans les yeux et détestaient
surtout les énonciations précises. Ils étaient les
oracles grisâtres de la prudence et du mystère.
Pour eux, les discours nuageux et les paroles
floues n'avaient pas seulement du charme :
le brouillard était inséparable de l'exercice du
pouvoir.

« Des araignées qui tissent infatigablement
une toile de fils d'or dans le vide », c'est ainsi
que les a définis Leonardo Sciascia dans *Todo
modo*, son très beau roman situé en plein milieu
d'une réunion de démocrates-chrétiens siciliens.
Ces empereurs du clair-obscur, ces prélats du
sfumato tricotent insensiblement, dans une
atmosphère de velours, des complots jamais
clairement énoncés. Hommes aux costumes
austères, avec des yeux comme la vase d'un
étang, ils ne sortent de leur torpeur, foudroyants
d'habileté, que lors des congrès de parti, sur
les bancs du Parlement ou derrière un bureau
de ministre : poissons des profondeurs, ils sont
habitués aux abysses, à la pression inouïe du

pouvoir et aux petites joies qu'il est possible d'en tirer.

Renzi a eu le temps d'entrevoir les derniers éclats de cette vénérable tribu. Son père, Tiziano, a été pendant des années le représentant local de la Démocratie chrétienne. Le jeune Renzi a grandi entre les réunions de parti et les pages des journaux que son père distribuait par métier. À l'école, il est déjà considéré comme un garçon un peu étrange, surnommé « Le Politique », ce qui n'est pas nécessairement un compliment. C'était même tout l'inverse, écrit Renzi. « En général, quand quelqu'un qui est né dans les années soixante-dix et quatre-vingt confesse une passion pour la chose publique, on le prie de s'allonger sur le divan du psychologue pour l'interroger, "D'accord, je veux bien l'entendre, mais alors racontez-moi quel traumatisme s'est produit dans votre enfance". »

La seule fonction de la politique dans son lycée, raconte toujours Renzi, était celle de saborder les épreuves d'histoire et de philosophie. Le professeur de ces disciplines présentant la qualité notoire d'être un conseiller municipal du Mouvement social italien, l'ancien parti fasciste, il suffisait d'engager une discussion politique pour faire dévier les cours : « Ça ne marchait pas toujours, mais quand même assez souvent. La technique était bien rodée. Avec nonchalance, quelqu'un, généralement une fille, laissait échapper une petite phrase, à teneur politique, et aussitôt, le professeur ne pouvait s'empêcher d'y répondre. » À partir de là, d'autres, dont Renzi presque toujours, se chargeaient d'entretenir soigneusement le débat, de relances naïves en interrogations candides sur les thèmes politiques du jour, demandant, pour la clarté de l'exposé, quelques lumières sur les complexes ramifications historiques de problèmes contemporains jusqu'à ce que, comme par magie, l'heure de cours se consume privant le professeur de la possibilité de distribuer ses interrogations écrites.

Au-delà de cette fonction très appréciée par le reste de ses camarades, le Renzi de l'époque reste un personnage atypique. Catholique dévot, mordu de politique, scout et arbitre de foot à ses heures perdues, son portrait ressemble plus à celui d'un jeune homme des années cinquante qu'à celui d'un adolescent des années quatre-vingt-dix. Et c'est le côté inactuel de l'éducation du Florentin qui lui donnera paradoxalement un train d'avance quand il s'agira, plus tard, de devenir l'homme politique le plus moderne de sa génération.

En attendant de dévoiler son jeu, et de

remiser sa politesse catholique et sa silhouette falote pour devenir l'enfant terrible de l'Italie, le personnage culotté et iconoclaste qui prendra bientôt le pouvoir, Renzi observe scrupuleusement les règles du jeu. Il dirige le journal du lycée, se fait élire au conseil d'administration et décroche les meilleures notes à son bac : le premier de la classe, déjà turbulent, mais qui n'a rien d'un révolutionnaire. Au cours des années suivantes, il va parcourir toutes les étapes canoniques de l'apprentissage politique, le cursus honorum des grands barons démocrates-chrétiens. Dès 1996, il colle, en bon apprenti, des affiches aux murs et forme des comités électoraux pour la campagne de Prodi. Il commence à se faire remarquer en écrivant des articles vibrants pour les feuilles locales et obtient, en parallèle, une maîtrise en sciences politiques. Enfin, Renzi devient le bras droit d'un jeune député catholique, puis est élu secrétaire de la fédération florentine du Parti populaire, une des formations nées de l'implosion de la Démocratie chrétienne.

En 2004, c'est ce parcours très classique qui conduit Renzi à la tête de la province de Florence : il a alors vingt-neuf ans. Sa désignation est le produit d'un accord entre les notables de la majorité qui gouverne la région. Personne ne s'attend à ce que ce jeune, qui a grandi à l'intérieur de l'appareil et en a assimilé les règles, fasse des vagues. Quand le vieux Giulio Andreotti, l'incarnation du pouvoir démocrate-chrétien, sphinx sulfureux de l'après-guerre italien, rend visite à Renzi dans son bureau, le jeune président de la province lui cède son siège afin qu'il puisse signer le livre d'honneur. L'ancien homme d'État s'assied, il saisit le stylo et se tourne lentement vers le Florentin, avec une lueur sarcastique dans les yeux. « Ce fauteuil est à vous, n'est-ce pas ? Permettez-moi de vous donner un conseil. Ne le cédez jamais, même pas pour un instant, comme vous venez de le faire. »

Le pouvoir, en Italie, est statique. Y règne une loi d'airain, celle des comptines enfantines : chat perché. Comme dans les cours d'école, celui qui exerce le pouvoir doit se pétrifier sur son mandat, immobile et grisâtre, s'il veut jouir longtemps de ses avantages. Voilà pourquoi il faut ne surtout pas bouger, se cimenter à chaque siège et se fondre dans le marbre de chaque trône, pour qu'entre le dirigeant et ses mandats, chacun finisse par oublier ce qui est à l'élu ou bien à ses électeurs, et, dans l'in-distinction féconde, que soit perpétuée cette architecture gothique.

Pourtant, s'ils avaient été un peu plus vigilants, les notables de la politique traditionnelle auraient aperçu, dans les yeux du jeune homme, l'étincelle d'une ambition qui donnerait un jour un grand bûcher. Déjà Renzi-l'affranchi perçait sous Matteo-l'enfant de chœur. Car bien qu'éduqué aux petits pas de la liturgie démocrate-chrétienne, Renzi a grandi dans le mythe de trois personnages subversifs et tragiques, l'exact contraire de l'immobilité chère à Andreotti.

Le premier est Robert Kennedy, le ministre de la Justice de JFK qui a mobilisé l'armée pour permettre à un jeune Noir de s'inscrire à l'université. Le deuxième est Dag Hammarskjöld, le secrétaire général de l'ONU et Prix Nobel de la paix qui a créé les casques bleus. Le troisième est Giorgio La Pira, le moine soldat qui a gouverné Florence dans les années cinquante avec un mélange d'eau bénite et d'étatisme.

Ces trois personnages ont en commun une religiosité intense, explicite, qui anime leur action et en constitue le fondement. Mais ils ont fait un usage de cette force intérieure qui n'a rien de conservateur. Au contraire, chacun d'entre eux a porté dans le monde une forte charge de subversion, et malmené l'ordre établi. La politique est peut-être l'art du possible, mais la frontière entre le possible et l'impossible ne peut pas être déterminée à l'avance, ni servir d'excuse à l'inaction. Géographe de la frontière non soupçonnable du possible, l'homme politique a une tâche, c'est d'approcher, sans la redouter, la limite extrême, quitte à perdre le soutien de l'opinion et le pouvoir.

Tandis qu'il supporte patiemment les réunions interminables, les lumières blafardes et les formules byzantines, les poignées de main et les verres en plastique, Renzi cultive avec discrétion une vocation plus élevée. Suivre le conseil d'Andreotti, s'agripper au poste, occuper le pouvoir avec l'aplomb du sphinx démocrate-chrétien ne l'intéresse pas. D'autant plus qu'il a compris que les temps ont changé.

Un soir de 2004, il participe à l'un des innombrables meetings qui rythment (façon de parler) la vie des représentants locaux. Nous sommes à Cerreto Guidi, près de Empoli, « pratiquement une province bulgare : les communistes remportaient ici 70 % des votes, quand les choses se passaient mal pour eux », expliquera plus tard le Florentin. Renzi fait son entrée dans le restaurant et trouve, en guise d'accueil, un beau portrait de Staline trônant au-dessus du comptoir. En salle, une cinquantaine de personnes l'attendent. Celui qui vient d'être élu président de la province promène son regard autour de lui : la situation ne peut en aucun cas faire surgir des craintes ou des appréhensions. Devant ces paisibles militants, il devrait réussir à s'en sortir à peu de frais. Le Florentin, selon ses plus tranquilles attentes quant à cette soirée, attaque son exposé en souriant, remercie les présents pour leur participation, égrène les projets pour le futur.

Mais, à peine le discours terminé, un homme se lève. Il n'a pas l'air de bonne humeur. « Je suis un camarade de soixante-quinze ans, inscrit au parti depuis 1946. » Les routes, les écoles, les déchets et les perspectives de l'administration provinciale ne l'intéressent visiblement pas le moins du monde. « J'ai un problème, camarades. Je viens de lire un livre. Et je suis excédé. » D'un coup, c'est le signal d'un hallali, un ressentiment dissimulé devenu manifeste et bruyant, un chahut libérateur et vociférant. Face à Renzi, les cinquante militants aux tempes argentées ont retrouvé la clameur de leurs années lycéennes.

Le livre en question s'appelle *La Casta*. Il vient d'être publié par Gian Antonio Stella et Sergio Rizzo, deux journalistes du *Corriere della Sera*, et ce sont trois cents pages qui énumèrent tous les privilèges – et les méfaits – de la classe politique, de la pointe de la Sicile au pic le plus élevé de la vallée d'Aoste. En quelques jours, le brûlot a battu tous les records, et il finira sa carrière commerciale avec plus de un million d'exemplaires vendus.

« La soirée était foutue, raconte Renzi. Personne n'est plus intervenu sur l'objet du débat, mais on disserta à propos de voitures de fonction, d'agences inutiles, de fonctionnaires indignes et d'institutions absurdes, tous les coûts et avantages possibles de la politique y passèrent, dans un climat d'indignation croissante. » Au début, Renzi espère échapper à la rage populaire. Lui s'est fait attribuer une petite Fiat 500 bleu ciel à la place de la berline ordinaire. Mais le geste ne suffit pas à lui épargner l'assaut des camarades de Cerreto Guidi. « Ce qui aurait dû être un meeting se transforma en un chemin de croix laïque. »

À partir de ce moment, Renzi comprend que le thème du coût de la politique et du ras-le-bol contre les élites a atteint le seuil d'alerte, même si ses collègues du Parti démocrate ne semblent pas s'en inquiéter. Pour eux, les arguments anticaste ne sont que de la démagogie, des polémiques dignes des populistes de la Ligue du Nord qui ne méritent même pas d'être prises en compte. Les électeurs pensent que le problème de la dette publique serait résolu en réduisant les salaires des députés, mais les professionnels et les gens raisonnables savent très bien qu'il n'en est rien.

Renzi aussi le sait. Les privilèges des politiques ne représentent qu'une goutte dans l'océan des dépenses publiques de l'Italie. Mais la sensibilité de l'électorat sur ce thème est maximale. Personne n'est plus disposé à supporter une classe politique qui impose des sacrifices sans être jamais disposée à en faire. Et encore moins les anciens électeurs de la gauche, comme le Florentin a pu le constater auprès des derniers Staliniens de Cerreto Guidi.

Aussi, au Palazzo Medici, Renzi commence à multiplier les attaques contre la classe politique. Une fois par semaine, il adresse un mail à un groupe de plus en plus large de supporters. Le nom est banal – E-News – mais le contenu l'est moins. À la place de la traditionnelle liste de congratulations soporifiques et de projets insignifiants, Renzi compose de sa propre main une vraie lettre, immédiate et personnelle, en y mettant un peu de tout : la guerre en Tchétchénie et le dernier film qu'il a vu au cinéma, la politique nationale et les trous dans la chaussée en bas de chez lui. Les lecteurs apprécient, les e-news les informent et les amusent, le style rappelle plus Jimmy Fallon que Jimmy Carter. C'est l'embryon de la technique de communication directe que Renzi développera au cours des années suivantes. Mais c'est surtout le germe d'une révolte contre l'establishment politique, local et national, qui prendra bientôt le caractère d'une guerre totale.

« Si quelqu'un imaginait m'enfermer dans ma chambre pour jouer aux trains électriques, tandis que les grands font la politique au salon, eh bien, ils devront changer de programme », écrit-il au mois de septembre 2005. À partir de là, c'est un crescendo de saillies de plus en plus audacieuses dirigées contre les aînés de son camp. « S'il est vrai que Berlusconi parle au ventre de l'Italie, nous sommes ceux qui parlent à son nombril », écrit encore Renzi, en commentant la campagne électorale du début de 2006. Puis : « Quand le Parti démocrate fait l'analyse du vote, nous donnons toujours l'impression d'être en train d'analyser la raison pour laquelle les électeurs se sont trompés. » Ou encore : « Les syndicalistes qui crient : "que personne ne touche aux retraites" me font hurler de rire. Si ça dépendait d'eux, ma génération ne se limiterait pas à ne pas les toucher, les retraites, elle ne les verrait même pas de loin. » Et, dans une autre occasion : « Les jeunes ne connaissent les syndicats qu'en tant qu'organisateurs de concerts. Qu'ont-ils fait d'autre pour eux ? » Peu de temps après, il publie un livre dans lequel il explique carrément que la Constitution, le texte sacré conçu par les héros de la résistance au fascisme, doit être réécrite de fond en comble.

En bon Florentin, Renzi n'a pas besoin d'avoir étudié Machiavel comme Merleau-Ponty pour savoir que l'opinion ressemble « à des miroirs disposés en cercle qui transforment une mince flamme en féerie » et qu'ainsi, « c'est donc une condition fondamentale de la politique de se dérouler dans l'apparence ». Il a compris les effets dévastateurs de l'apparence ravageuse qu'a prise l'élite italienne dans les yeux de ses électeurs et il va s'élever contre sa caste.

Mais, ce qu'il y a de plus florentin en lui, au-delà de ce pragmatisme politique, de ce savoir du pouvoir et de ses fragilités face au règne de l'opinion, ce qu'il y a de typiquement forgé par cette terre d'ifs solitaires et de villes bourgeoises, c'est peut-être autre chose.

« S'il est difficile d'être Italien, il est encore plus difficile d'être Toscan », écrivait Curzio Malaparte qui considérait comme une malédiction d'être né entre Florence et Sienne, et de porter à jamais cette intelligence cynique et railleuse qui force à observer chaque chose sous la lumière froide de la suspicion. Aujourd'hui, la difficulté d'être Toscan – et encore plus, Florentin – consiste surtout à devoir vivre au cœur du parc d'attractions italien, constamment tiraillé entre le doux confort de la rente et la tentation de faire table rase.

Quand on grandit à l'intérieur d'un musée, comme l'a fait Matteo Renzi, on peut embrasser deux destins : on devient antiquaire ou révolutionnaire. La tradition florentine présente de nombreux exemples des deux vocations, mais la majorité, bien entendu, s'accommode du confortable rôle de gardien, époussetant les beaux palais, perpétuant des coutumes qui, si elles ne sont plus pertinentes, ont le mérite de l'usage. À Florence, l'élite est largement constituée de personnages de ce genre : dandys élégantissimes, obsolètes avant même d'être nés, une aristocratie d'embaumeurs, les maxillaires déjà froncés pour marquer le dédain, le sourcil paré pour le mépris, en défense de leurs prérogatives séculaires. Et, derrière eux, toute la procession multicolore des sous-fifres qui préfèrent une injustice patinée au désordre du changement, et des caporaux prêts à mourir pour la mémoire d'un édit signé sous les Médicis.

Tous ensemble, ces personnages forment une chape de plomb étouffante. C'est pourquoi, de temps en temps, quelqu'un essaye de se révolter. Les futuristes l'ont fait à leur manière, avec leur beau manifeste publié dans les colonnes du *Figaro* au début du XXe siècle. « Nous voulons délivrer, écrivaient-ils, ce pays de sa gangrène de professeurs, d'archéologues, de cicérones et d'antiquaires. L'Italie a été trop longtemps le grand marché des brocanteurs. Nous voulons la débarrasser des musées innombrables qui couvrent d'innombrables cimetières. » Comment ? En renonçant aux pâtes, qui « ne font aucun bien » aux Italiens, disaient-ils, et en rasant les monuments pour les remplacer par des autoroutes. « Allez ! Incendiez les étagères des bibliothèques ! Déviez le cours des canaux pour inonder les musées ! Oh la joie de voir flotter les vieilles toiles glorieuses, à la dérive, déchirées et sans couleurs ! Saisissez les pioches, les haches, les marteaux et démolissez, démolissez sans pitié les villes vénérées ! »

C'est l'autre extrême, le rêve de la tabula rasa, une tentation presque irrésistible pour qui passe la plupart de son temps à la merci des touristes et des antiquaires.

Ayant grandi à Florence, entre ces deux excès, Matteo Renzi n'a fait aucun choix. Et, à vrai dire, il n'a pas non plus cherché un compromis ou une voie médiane, car rien n'est plus étranger au caractère de Renzi que les compromis et les voies médianes. Plutôt, il a adopté les deux : le passéisme de l'archéologue et la transgression du futuriste. Sans les concilier ni les harmoniser. Mais en les cumulant, en mettant l'un au service de l'autre comme un champ magnétique qui dérive sa force de l'alternance entre pôles opposés et n'a de cesse de se déplacer et de croître. Il va très bientôt en faire la preuve. La prochaine étape de l'ascension est déjà en ligne de mire.

CHAPITRE V

Comment un cardinal du XVIIe siècle est le plus moderne des politiques – Renzi mène « la Fronde ».

La grande salle du palais des congrès de Florence est le témoin habituel de meetings d'entreprise et parfois des mornes assemblées de la Confindustria, le Medef italien : un lieu pompeux, qui se voudrait élégant, mais transmet surtout une sensation de mélancolie, d'heures perdues à écouter les comptes rendus d'orateurs monocordes. Le matin du 29 septembre 2008 en revanche, une énergie étrange traverse ces lieux désenchantés. Des centaines de jeunes, cheveux en bataille et pulls mous, excitation visible et désinvolture conquérante, ont remplacé pour une fois les fonctionnaires en costume cravate. Aucun d'entre eux n'a reçu d'invitation formelle, nul n'a pris connaissance de l'événement par des tracts, ou des affiches. Les convocations se sont faites exclusivement par SMS et sur Facebook.

Les notes de Jason Mraz et de Muse résonnent dans l'air : « *Come ride with me through the veins of history. I'll show you a god who falls asleep on the job. And how can we win when fools can be kings. Don't waste your time or time will waste you.* » Mais aucune rock star ne monte sur la scène. Il n'y a qu'un jeune homme au front dégagé et à la mine roublarde.

À cette époque, Matteo Renzi est un nom pratiquement inconnu. Et sa candidature aux primaires pour le poste de maire de Florence donne l'impression d'être un hasard. Mais ce matin-là, le jeune homme prononce une phrase qui frappe les esprits – et qui deviendra le leitmotiv de toute sa campagne : « Si nous gagnons les primaires, nous changerons Florence. Mais si nous perdons, je change de métier. Je ne serai pas adjoint, conseiller municipal ou administrateur d'une entreprise contrôlée par la commune. Je retournerai travailler dans le privé. »

Ce qui serait normal dans d'autres pays est une petite révolution pour l'Italie. Habitués à une classe politique dotée d'un parachute en cas d'accident, un système où celui qui perd retrouve toujours un poste ou une pension, les électeurs apprécient le principe d'un candidat disposé à jouer son va-tout. Un homme politique qui se lance sans filet de sécurité, en renonçant même à une position importante et à un parcours tout tracé, c'est un événement suffisamment rare pour éveiller la curiosité et la sympathie.

En politique, le risque est synonyme de sincérité. Qui en assume un en public gagne en crédibilité, se distinguant de la masse des comptables qui, comme le prévoyait Mitterrand, ont pris la place des hommes d'État. En se lançant dans la course, Renzi l'enfant sage devient Renzi l'enfant terrible qui ne mâche pas ses mots et ose briser les tabous, sans avoir peur de se mettre à dos l'ensemble de la classe dirigeante de son propre parti.

Le style de communication de Renzi, fait de répliques foudroyantes et d'écarts perpétuels, s'accorde à merveille à cette stratégie. Incapable de lire un discours, le Florentin parle toujours sans notes, et réagit aux humeurs de la salle avec l'empressement d'un alchimiste, désireux de ne pas perdre un gramme d'énergie ou d'emballement dans la foule. Si celui qui lit un texte donne l'impression de répéter les arguments d'un autre, ou pour le moins de jouer un rôle calculé, celui qui improvise se voit crédité d'une qualité : la franchise.

Et puis, un orateur spontané est là, présent, regardant les gens dans les yeux, répondant à un sourire ou à un geste de dépit, ouvert au dialogue au lieu de garder les yeux collés aux phrases d'un discours, qui, soit écrit par d'autres, soit si mal ânonné qu'on le prend quand même pour l'œuvre d'un tiers, ne soulève jamais les foules.

La logique des apparitions télé de Renzi est la même. Pour l'instant, elles sont encore clair-semées, pour l'essentiel sur des chaînes locales. Mais le rythme n'a rien à voir avec celui des autres candidats : il est bien plus direct et rapide. Comme si un DJ de MTV avait atterri parmi les lourdauds de la politique régionale.

C'est ici que se forme le paradigme Renzi de la conquête du pouvoir. Une différence d'énergie mesurable par les plus distraits, une relance constante qui ne supporte aucun arrêt. Jouer toujours la partie comme si les cartes étaient truquées en sa faveur, quand bien même elles ne le seraient pas du tout. Forcer chacun, soi-même et les autres, à reconnaître l'inévitabilité d'un événement qui ne pouvait paraître qu'impossible.

Au contraire de ce que l'on a pu écrire, le Florentin auquel Renzi ressemble le plus n'est pas Machiavel, mais plutôt un autre jeune homme tout aussi ambitieux, et bien plus habile que l'auteur du *Prince*. Il s'appelait Jean-François Paul de Gondi, mais l'histoire a surtout retenu son titre : le cardinal de Retz.

Ses racines remontent jusqu'à Florence, même si on risque de ne pas remarquer la magnifique résidence des Gondi, qui se dresse juste en face de la masse rocheuse du Palazzo Vecchio. Mais c'est en France que le ressortissant le plus illustre de cette famille de banquiers florentins a initié, machiné, commenté, et théorisé la plus extraordinaire aventure politique du Grand Siècle : la Fronde.

Neveu d'un cardinal et d'un archevêque de Paris, fils d'un général de Richelieu et d'une baronne prospère, Gondi aurait pu mener une vie tranquille, dans un bonheur silencieux et une abondance de distractions. Ou, pour le moins, poursuivre de hautes ambitions dans le cadre harmonieux de la monarchie absolue qui gouvernait à l'époque la France d'une main de fer. Mais c'est plus fort que lui : la nature l'a doté d'un esprit foncièrement rebelle. L'insoumission est la seule discipline à laquelle il est prêt à se plier, la seule religion qui l'accompagnera toute sa vie, jusqu'à sa dernière demeure dans le monastère de Saint-Mihiel. Enflammé par la lecture des *Vies* de Plutarque, à vingt-cinq ans il rédige *La Conjuration du comte Jean-Louis de Fiesque*, qui est déjà un manuel du parfait révolutionnaire. Le cardinal de Richelieu ne s'y trompe pas qui, ayant lu l'ouvrage du jeune abbé, commente : « Voilà un dangereux esprit. »

Quelques années plus tard, devenu archevêque à trente et un ans, Gondi donne naissance, pratiquement tout seul, sans armées ni ressources particulières, à la Fronde, qui forcera Mazarin à l'exil et le jeune Louis XIV à la fuite, qui tiendra en échec pendant plusieurs années la monarchie la plus puissante d'Europe. Écrits à deux décennies de distance, ses Mémoires sont la chronique de ces années : l'un des récits politiques les plus passionnants de tous les temps.

Audacieux, ambitieux, dépourvu de tout scrupule, lyrique et inventif, le Florentin Gondi est le personnage le plus semblable au Florentin Renzi que l'on puisse rencontrer dans les pages du passé. La meilleure façon de décrire la personnalité du jeune président de la province de Florence à un ami français friand d'histoire et de politique est de prendre l'image de Retz, telle qu'elle émerge de la narration pleine de vie de ses Mémoires.

Comme Gondi, Renzi est arrivé très jeune

au pouvoir. Comme lui, il a suivi un parcours classique, s'appuyant sur les manœuvres et sur les relations. Mais comme lui, il a compris qu'il était temps de forcer la main du destin, s'il ne voulait pas « mourir sur le coffre », comme on disait à l'époque de ceux qui passaient leur vie à quémander des sinécures du roi, et finissaient par rendre âme sur la commode d'une antichambre.

Ainsi, selon Simone Bertière, sa meilleure biographe, Gondi lance la Fronde parce qu'il n'a pas envie de patienter pour accéder aux premiers rangs. L'éthique aristocratique de l'époque lie celui qui reçoit à celui qui donne. La seule façon de ne dépendre de personne est de renoncer aux faveurs pour fonder une puissance autonome. À trente ans, Gondi, à peine nommé coadjuteur de l'archevêque de Paris, comprend qu'une possibilité inédite s'ouvre à quiconque aurait la hardiesse de penser en dehors des schémas et de trouver, dans l'opinion, le fondement d'une puissance qu'on ne se résoudrait pas à mendier chez les seigneurs. Il faudrait donc conquérir la faveur du peuple, fonder sur lui une nouvelle autorité, déliée de la logique aristocratique. Parmi les grands hommes du XVIIe siècle, Retz est le premier à avoir le sens du peuple, la conscience d'une force inconnue avec laquelle il faudra désormais compter. Le décrire comme un démocrate serait certainement un peu excessif et l'idée même aurait fait sourire ce grand séducteur patricien. Mais il est bien le seul à être capable de sentir la révolte qui couve dans la capitale, à apercevoir les immenses possibilités qui peuvent s'ouvrir, pourvu que l'on soit un chef préparé à « ne jamais compter, dans les grandes affaires, la fatigue, le péril et la dépense pour quelque chose ».

L'essentiel est de « distinguer l'extraordinaire de l'impossible ». Retz pense y parvenir et donne vie au plus grand spectacle politique de son temps, quatre années au cours desquelles il tiendra tête, avec un petit brigantin, à l'immense flotte royale de Mazarin, d'Anne d'Autriche et du tout jeune Roi Soleil.

Au début du XXIe siècle, l'exploit de Renzi est un peu moins original, mais l'esprit est le même. Comme Gondi, Renzi sait que « quand ceux qui commandent ont perdu la honte, ceux qui obéissent perdent le respect ». La classe dirigeante de Florence est fatiguée, incapable de résoudre le moindre problème, cernée par les scandales et les enquêtes de justice. On dit du maire que, pour ne pas rencontrer ses concitoyens furieux, il se fait conduire chaque matin par son chauffeur, pour parcourir les deux cents mètres qui séparent son habitation de l'hôtel de ville.

Renzi sait également que l'opinion publique goûte avant tout la nouveauté, l'inouï, le jamais-vu. « Rien ne touche et n'émeut tant les peuples que la variété des spectacles », affirme Gondi. Et c'est une chance, car non seulement Renzi est neuf, mais il a le sens de la scène et un goût inné pour le risque. Il est capable de prendre à contre-pied n'importe quel auditoire, le faisant passer, en quelques instants, du rire à l'attendrissement.

Comme Gondi, Renzi comprend qu'il n'y a rien dans le monde qui n'ait son moment décisif, et le chef-d'œuvre de la bonne conduite est de connaître et de « prendre ce moment ». Dans le cas de Florence, il s'agit des primaires de 2008. Dans un mortel instant de distraction, le Parti démocrate, qui vient de naître des cendres de l'ancien Parti communiste et de celles de la Démocratie chrétienne, a décidé de sélectionner le prochain candidat à la mairie sur la base de primaires ouvertes, c'est-à-dire non réservées aux seuls inscrits au parti. La primaire est cruciale, parce qu'à Florence, ville clairement orientée à gauche, le vainqueur de cette étape a la quasi-certitude de remporter la mairie. Évidemment, les cadors de la majorité la considèrent comme une simple formalité : ils ont bien l'intention de trouver un accord préalable, qu'ils feront ensuite ratifier par les électeurs.

À l'âge tendre de trente-trois ans, personne ne s'attend à ce que Renzi puisse être candidat. En Italie, on est considéré comme une jeune promesse bien après quarante ans. L'apparatchik frais émoulu est déjà installé sur l'un des fauteuils les plus confortables de la ville. « Attends donc encore un petit peu, ton tour va bientôt arriver » : tout le monde lui donne le même conseil, y compris ses soutiens politiques de la première heure.

Comme Gondi, cependant, Renzi est avant tout un joueur. La politique en tant qu'activité prévisible et rationnelle ne le passionne pas. Le merveilleux découle de la prise de risque. L'art de la politique est inutile dans les circonstances ordinaires, quand il suffit d'appliquer les règles. La vraie politique ne se déploie que dans les situations d'exception, quand les usages habituels sont suspendus. Contrairement au technocrate ou au notable, l'homme politique s'engage même si les statistiques ne sont pas de son côté. En situation d'incertitude, sa seule option est l'action. « Non le set qui non l'essaye », lit-on d'ailleurs sur les ex-libris des manuscrits de la collection de Laurent le Magnifique, conservés sur les étagères de la bibliothèque du Palazzo Medici.

A priori, les primaires ne ressemblent pas à une promenade de santé. C'est un chemin encombré d'obstacles, de petites machinations et de grandes trahisons, où la notoriété, les réseaux et l'usage du monde gris pourraient bien être indispensables. Les principaux notables de la politique de Florence et un député parachuté de Rome étant déjà candidats, Renzi apparaît comme le plus faible, le seul qui n'ait pas un bloc de pouvoir organisé derrière lui. Mais c'est justement pour cette raison que sa parole est plus libre.

Dès le début, Renzi se positionne comme le candidat antisystème. Si l'on considère qu'il occupe un poste qu'il a obtenu grâce aux alchimies des partis, c'est une acrobatie considérable. Mais les primaires sont un bain de pureté. « Ils m'ont demandé d'attendre, de respecter la queue », dit-il de ses mentors politiques. Mais la politique n'est pas un supermarché. Pour Renzi, c'est maintenant que Florence a besoin de changement.

En violant la règle d'or de la cooptation, sur laquelle se base la sélection de la classe politique de Florence et de l'Italie entière, Renzi accomplit un geste rédempteur pour sa génération. C'est la première fois que, au lieu de faire la queue, un trentenaire décide de dynamiter le système. Peu de gens s'en aperçoivent à l'époque, mais une fissure minuscule vient de s'ouvrir dans le mur de la gérontocratie italienne.

Entre-temps, le candidat choisit un théâtre dans chaque quartier et met au point un numéro bien rodé, cinquante-cinq minutes au cours desquelles il raconte son projet pour la ville, entrecoupées de fragments YouTube, de vidéos musicales, d'interviews réalisées dans la rue et de scènes des *Simpsons*. Le résultat est un spectacle pop à la croisée des chemins entre « L'Heure de Vérité » et « Le Petit Journal », moitié politique et moitié divertissement, le sérieux du propos distillé dans du futile évocateur, des pastilles drôles ajustées comme des théorèmes pour la démonstration. Habitués à la grisaille des héritiers de Berlinguer, les Florentins ont de la peine à croire ce qu'ils voient. Ils entrent dans les théâtres par curiosité et en ressortent abasourdis, en serrant entre les doigts le programme électoral de Renzi. Cent propositions pour retourner la ville, un inventaire exhaustif, d'un vaste programme de pistes cyclables jusqu'à l'organisation d'un « Forum de Davos de la culture ».

Renzi est à la fois le metteur en scène, le scénariste et le monteur de cette performance, ainsi que son héros incontesté. À ses côtés, un petit groupe de jeunes supporters qui n'auraient jamais pensé faire de la politique et qui, précisément pour cette raison, apportent une charge d'enthousiasme que l'on ne rencontre que très rarement dans les partis traditionnels. Parmi tous les candidats, Renzi est le seul qui puisse compter sur l'aide d'une masse de vrais volontaires, attirés par un projet politique plutôt que par la promesse de postes dans l'administration de la commune. « Pourquoi s'engager avec le seul qui n'aura aucun poste en cas de défaite ? », répètent, sarcastiques, les vieux caciques de la politique locale aux supporters de Renzi. Mais le Florentin possède cette qualité indéfinissable qui pousse certains hommes à en suivre d'autres. Dans la scène d'ouverture du *Dernier Nabab*, Monroe Stahr monte dans un avion et, après quelques minutes, il est déjà dans la cabine de pilotage et bavarde avec le capitaine. « Il avait permis aux pilotes de s'asseoir sur le trône, écrit Fitzgerald, consentant à partager son règne au moins pour ce bref instant. » Renzi est comme ça. En sa compagnie, tout paraît possible en permanence. On ressent, à le voir, la certitude d'un homme avançant vers les sommets avec la joyeuse rectitude d'un boulet de canon. C'est pourquoi, pendant tout son parcours, il sera entouré de gens qui quitteront leurs emplois et renonceront à leurs carrières pour le suivre dans son aventureuse ascension.

Certes, il ne s'agit que d'un petit groupe, pour le moment, mais la machine électorale de Renzi commence à faire peur. À Rome, les chefs du Parti démocrate tentent de trouver un remède. Alors que les primaires ont déjà démarré, ils décident d'en modifier les règles : le vainqueur ne sera plus simplement celui qui récolte le plus de votes. S'il n'arrivait pas à dépasser les 40 % des voix, il y aurait un deuxième tour entre les deux premiers classifiés. L'idée étant que, même si Renzi devait battre ses adversaires au premier tour, ils pourraient quand même s'unir contre lui au deuxième.

Cette solution est inédite. Des primaires à deux tours n'avaient jamais été imaginées, ni à Florence ni ailleurs. Changer les règles pendant le déroulement de la partie n'est pas exactement une pratique à la Coubertin, mais les notables ont trop à perdre pour se comporter en gentlemen.

Quand on lui annonce la nouvelle, Renzi ne réagit pas non plus avec un flegme proprement britannique. « Ce parti – écrit-il sur Facebook – n'a pas tant besoin de primaires que d'un primaire (en Italie, le primaire est un chef de clinique). Un primaire de psychiatrie, doué, si possible. » Encore une fois, pourtant, les cadors du parti ont fait un mauvais calcul. Ils n'ont pas compris que leur opposition forcenée ne faisait que renforcer l'objet de leur haine. S'étant présenté dans le rôle de l'outsider, Renzi vient d'être officiellement reconnu comme tel par ses adversaires. Et les sondages continuent à grimper.

Le jour du scrutin, Renzi récolte 40,52 % des voix, en démontrant au passage qu'il possède la dose de chance sans laquelle – comme l'écrivait Retz – rien n'est possible en politique. L'électorat traditionnel de la gauche a voté pour lui, avec des scores surprenants dans les anciens bastions du Parti communiste, dont on n'attendait pas qu'ils cèdent aux assauts du jeune impétrant. Mais ce qui frappe surtout, dès ce premier test électoral, c'est la capacité de Renzi à mobiliser les voix des non-inscrits, de ceux qui ont arrêté d'aller voter, ainsi que d'une fraction des modérés habitués à voter à droite.

C'est bien la première fois qu'un leader de

gauche manifeste une telle capacité d'attraction en dehors des frontières traditionnelles du parti. Et un tel pouvoir de séduction par rapport aux abstentionnistes et aux électeurs de Berlusconi. En fait, sans qu'il le sache, Renzi a suivi une fois de plus les conseils de son ancêtre florentin, qui pensait que chaque révolution devait se fonder sur les « personnes neutres, qui n'appartiennent à aucune faction », lesquelles « ne peuvent rien dans le commencement des troubles, mais peuvent tout dans la fin ».

Pour Retz, la classe moyenne est l'arbitre du jeu. Pas les riches, qui n'agissent que sur la base de leurs connaissances et de leurs intérêts, ni les pauvres, qui peuvent être facilement manipulés sur la base de leurs besoins, mais bien ceux qui sont au milieu. « Les gens qui sont assez pressés dans leurs affaires privées pour désirer du changement dans les publiques. » Trois siècles avant les sondages, le cardinal a déjà compris que celui qui veut gouverner doit conquérir le centre, la couche de l'opinion qui change et peut déterminer le succès d'une équipe sur l'autre. Une leçon que Renzi n'est pas près d'oublier.

DEUXIÈME PARTIE

PALAZZO VECCHIO

CHAPITRE VI

*À Florence, les douze travaux du maire –
Comment Renzi invente la réforme kamikaze.*

Au Palazzo Vecchio, le bureau de Machiavel a disparu. On peut toujours admirer un buste de l'auteur du *Prince* à l'intérieur d'une petite salle du deuxième étage, mais les experts disent que ce n'est pas là qu'a travaillé pendant des années le secrétaire de la République de Florence. Et, comme d'habitude, chacun y va de sa théorie, d'aucuns le plaçant dans la salle des cartes géographiques, d'autres dans des lieux différents, bien plus logiques, et toujours certains.

Peu importe, car l'esprit de Machiavel flotte partout entre ces couloirs. De tous les bâtiments du monde, celui-ci est peut-être le plus politique : chaque mur, chaque colonne, chaque marche d'escalier a une intrigue à raconter.

Pendant plusieurs siècles, Florence a été un

laboratoire de la politique européenne, « ville modèle, paradigme de toutes les vicissitudes publiques possibles ». Ici ressurgit pour la première fois, après plus d'un millénaire, l'idéal de la démocratie athénienne. Et ici, dès le début, se manifeste l'instabilité inquiète qui caractérisera toujours la pire forme de gouvernement, à l'exception de toutes les autres. Les Florentins ont été les premiers, dans l'histoire moderne, à vérifier qu'une fois enfreint le droit divin de l'empereur ou du pape, il est très difficile de donner un ordre légitime au gouvernement de la cité. Quand, au lieu d'être le monopole d'une seule famille, la chose publique devient l'affaire de toute une communauté, les combinaisons se multiplient et il n'y a plus de limite à la variété des propositions. Pourquoi ne pas confier le pouvoir à un conseil de six, de cent ou même de cinq cents personnages ? Et pourquoi ne pas les tirer au sort ? Et si les choses ne se passent pas exactement comme il le faudrait, pourquoi ne pas avoir recours à un podestat étranger, quitte à l'expulser quelques mois plus tard, quand il aura déçu les attentes de ses supporters les plus ardents ?

Ainsi, il fut un temps où la ville changeait de constitution tous les deux ou trois ans, à la recherche de la formule magique qui assurerait la liberté et la participation, la stabilité et le bon gouvernement. Évidemment, aucune solution n'a jamais produit le résultat escompté et Dante comparait déjà Florence à ces malades qui se retournent dans leur lit, à la recherche d'une position qui puisse les soulager.

Puis la violence des affrontements s'est adoucie. Au début du XIXe siècle, Stendhal constate que les rues de Florence ne présentent plus de danger. Mais cela ne veut pas dire que l'intérêt forcené que les Florentins nourrissent pour la politique a diminué. On ne peut si facilement se déprendre quand on vit, comme les statues romaines aux Offices, sous l'éclairage constant de la grandeur passée. Il n'est pas si aisé de s'amputer de cette passion natale, de cette atmosphère où l'on grandit, de l'air subtil et sec dont parlait Nietzsche pour justifier la clarté de Machiavel. Le fait est que la ville vibre aujourd'hui encore au rythme des débats et des polémiques qui naissent sous les fresques du Palazzo Vecchio.

Il ne s'agit d'ailleurs pas d'un cas unique, en Italie. La péninsule est composée de villes. Au moment de son unification, elle comptait 7 721 communes, face aux 1 307 de la France. Ici, le lieu fondamental de la politique n'est pas l'État, mais la commune. Et c'est presque toujours au niveau local que se développent les formules destinées à produire un impact sur la scène nationale.

Ainsi, l'aventure politique de Berlusconi commence en 1993, quand le Cavaliere, encore simple entrepreneur à l'époque, brise le tabou antifasciste en soutenant le candidat de la droite aux élections pour la mairie de Rome. C'est de cet acte fondateur que naît l'alliance entre la Ligue du Nord et l'ancien parti fasciste qui conduira Berlusconi au pouvoir un an plus tard.

En Italie, les maires sont les seules figures politiques qui jouissent encore d'une certaine popularité. Et les communes constituent le seul niveau de gouvernement caractérisé par un bon degré de stabilité et d'efficacité. Une loi du début des années quatre-vingt-dix a introduit l'élection directe des maires, en leur assurant un mandat de cinq ans et des pouvoirs considérables. Il s'agit donc à peu près de la seule autorité politique qui puisse être jugée par les citoyens sur la base du résultat de son action. S'il fait du bon travail, l'impact sur la ville, de la propreté des rues à la qualité de l'offre culturelle, est visible. Ce qui vaut, évidemment, dans l'autre sens, comme peuvent en témoigner plusieurs exemples récents de maires chassés par la fureur populaire, les citoyens passant du mécontentement à une colère terrible et poursuivant leurs édiles avec hargne jusqu'à ce que le décevant ou sulfureux notable s'en aille enfin, et que soit empaqueté le dernier carton des bureaux municipaux.

Au cours des quatre années qu'il passera au Palazzo Vecchio, Renzi va faire de Florence la vitrine de son projet politique. Un peu comme le font ces promoteurs qui se lancent dans un nouveau projet immobilier et mettent un appartement témoin à la disposition des acheteurs potentiels. On piétine les planchers, on choisit les finitions de la cuisine, on s'installe déjà dans les fauteuils que l'acte de vente cédera à notre paresse et aux habitudes d'un nouveau foyer. Ce n'est pas qu'on imagine : on s'accoutume. Le résultat est beaucoup plus convaincant qu'une simple brochure. On s'y sent déjà chez soi, même si l'immeuble doit encore être construit, et que viendront les temps des poussières, des électriciens désinvoltes, des infiltrations d'eau.

À partir de juin 2009, c'est cette fonction que va remplir Florence aux yeux du reste des Italiens. Renzi débarque au Palazzo Vecchio et commence tout de suite à imposer un rythme différent. D'abord, il constitue son équipe. Dix adjoints : cinq hommes et cinq femmes. Du jamais-vu, cette administration resserrée, un symbole de parité, là où la ville était tradition-nellement gouvernée par une indénombrable armée mexicaine, plutôt masculine. Ensuite, il commence à dépecer le système politique en place, en s'attaquant aux symboles mêmes qui, croyait-on, le rendaient invulnérable.

L'entrée du Palazzo Vecchio est protégée depuis toujours par une barrière de détecteurs de métaux dignes d'un aéroport inter-national, encadrés par des gardes en uniforme qui ne laissent passer que peu d'élus. Dès les premiers jours de son mandat, Renzi élimine les contrôles de sécurité, fait ouvrir les autres portes du palais, auparavant closes, et restitue l'un des monuments les plus importants de la ville à la libre circulation des citoyens et des touristes. Dans le même temps, il renonce à l'escorte de police qui suivait partout son pré-décesseur et organise un atelier dans le plus grand salon du Palazzo Vecchio, en y accueil-lant les jeunes blogueurs de la ville, avant même de réunir le conseil municipal pour la première fois. Ce sont des gestes minuscules, mais ils contribuent à donner le sentiment qu'une nou-velle ère est en train de s'ouvrir. Et ces actes modestes préparent le terrain pour des choix plus difficiles.

Pendant la première session du conseil

municipal, le maire annonce son intention de rendre entièrement piétonne la place la plus importante de la ville, piazza del Duomo, parcourue jusque-là par des dizaines de milliers de véhicules chaque jour. Parvis de la cathédrale autant qu'esplanade miraculeuse, hérissée des plus grands chefs-d'œuvre de la Renaissance, de Santa Maria del Fiore au campanile de Giotto, c'est un morceau exceptionnel d'architecture, de sculpture, et d'art. Nous ne pouvons pas permettre que le Baptistère continue à n'être que « le plus beau rond-point du monde », argue Renzi en citant l'écrivain Alberto Arbasino. Surtout, il annonce une date : le 25 octobre, la place devra être rendue aux piétons.

Les fonctionnaires de la mairie sont proprement horrifiés. Le maire vient d'annoncer la fermeture de l'une des jonctions cruciales de la ville et ils n'ont qu'un mois pour revoir tous les sens de circulation des rues du quartier, les tracés des bus qui y passent, sans parler des protestations des taxis, des résidents, des commerçants.

Si le maire les avait consultés, les experts lui auraient certainement répondu que fermer la piazza del Duomo à la circulation était impossible, qu'une telle lubie entraînerait la paralysie complète de la ville. Ou du moins qu'il aurait fallu lancer une période d'essai de deux ans pour parvenir à cet objectif. En annonçant une date tellement rapprochée, le maire a mis l'intendance au pied du mur. Et, à la date prévue, la place est fermée à la circulation.

Ce n'est qu'un événement local, même s'il atterrit sur la première page du *New York Times*. Mais c'est surtout la première fois que Renzi teste une méthode qui deviendra sa signature. L'annonce n'est pas pour lui qu'un simple élément de communication, c'est un véritable instrument de gouvernement. Elle ne sert pas uniquement à informer le public, elle est avant tout utile pour forcer la main de la bureaucratie. Quand le maire, ou le Premier ministre, annonce une mesure spécifique, que ce soit l'aménagement d'une rue ou l'élimination d'un impôt, il n'omet jamais d'indiquer une date, généralement très proche, pour son entrée en vigueur. Ainsi, le Florentin ne lance pas tant un défi à l'extérieur qu'à l'intérieur. Il contourne toutes les procédures en les subordonnant à l'objectif : exactement le contraire de ce qui se produit généralement dans l'administration publique. Il crée artificiellement un état d'urgence qui jette l'intendance dans la panique, mais la force à suivre.

Dans un pays comme l'Italie, où la bureaucratie

devient facilement kafkaïenne, une approche de ce genre a quelque chose de révolutionnaire. Au début, tout le monde, y compris les fonctionnaires de la mairie, pense que Renzi ne fait rien d'autre que du bluff. Les journaux et les adversaires l'accusent d'être un fanfaron surestimant son pouvoir, croyant à la magie des mots quand la sagesse ou l'usage savent distinguer la force de l'inertie et la pesanteur des choses. Un joueur de poker, qui apprendra bien vite à changer ses désirs plutôt que l'ordre du monde, c'est ce que murmurent certains. Puis, comme dans un cauchemar, l'intendance comprend soudainement que Renzi ne plaisante pas. Il a réellement l'intention d'obtenir cet exorbitant résultat. Alors, on se met à courir dans toutes les directions, quand l'apoplexie épargne les plus émus. Certains commencent à bégayer, d'autres se mettent en congé maladie, mais personne n'ose véritablement se placer en travers de la volonté renzienne. Il faut dire qu'entre-temps le maire s'est pris à rôder dans les couloirs avec une lumière bizarre dans les yeux. Le rencontrer en ces moments-là est un peu comme se retrouver sur les rails en face d'une locomotive lancée à toute vitesse, comme quelqu'un le disait de J.P. Morgan. Ainsi, à la date établie, le résultat arrive. Et le public en liesse ne s'aperçoit presque pas du corps exsangue de l'intendance sur le bord de la route.

Inaugurée par l'opération de la piazza del Duomo, la méthode de l'annonce kamikaze permet à Renzi de construire son appartement modèle à marche forcée. Le contraste ne pourrait être plus fort, par rapport à l'atmosphère de Bas-Empire qui empeste Rome durant cette période, avec un Berlusconi paralysé par les conflits et les scandales et une opposition anémique, incapable de tout programme qui ne soit pas simplement l'attente remplie d'espoir de la chute du Cavaliere.

Si, dans le reste de l'Italie, les travaux publics sont bloqués par la bureaucratie et le manque de fonds, les chantiers florentins restent ouverts la nuit, comme à Dubaï. Si Berlusconi régularise les constructions illégales, Florence adopte un plan d'aménagement à volume zéro, c'est-à-dire qu'on ne peut construire quelque part que si l'on abat à un autre emplacement, de façon à préserver l'environnement et la qualité urbaine. Si, au niveau national et dans les autres communes, les impôts ne font qu'augmenter, à Florence ils commencent à baisser. Si, ailleurs, les sites culturels ferment leurs portes, à Florence les musées gérés par la commune et les bibliothèques restent ouverts jusqu'à minuit. Et partout se multiplient les initiatives, les concerts, les nuits blanches. Une ancienne prison du centre-ville se transforme en pôle culturel avec un espace d'art contemporain, des cafés littéraires et un centre d'accueil pour dissidents numériques géré par la Robert Kennedy Foundation. Un coin oublié, et fermé aux visiteurs, du Palazzo Vecchio accueille le crâne en diamants de Damien Hirst et devient le siège de l'exposition la plus visitée de la décennie.

En septembre 2010, Renzi inaugure les Cent Lieux. Cent projets pour transformer, chacun, un endroit désaffecté de Florence, et rendre encore plus visible la transformation de la ville. Dans la nuit du 28 septembre, cent assemblées pour discuter de chaque projet se déroulent en même temps un peu partout dans la ville. Des milliers de Florentins renoncent à leur soirée télé, ou à une pizza entre amis, pour venir s'exprimer sur le futur de leur quartier, l'avenir d'un lieu auquel ils vouent une affection particulière.

À travers ce genre d'initiatives, Renzi réveille la tradition de participation civique qui s'était un peu endormie durant les années précédentes. Les Florentins ronchonnent et se plaignent, avant d'adhérer en masse, en plaçant Renzi au sommet de tous les classements de popularité des maires de la péninsule. Ce qui ne veut pas dire qu'ils ont renoncé à leur esprit mordant. Un jour, le maire se balade dans le quartier populaire de San Frediano, fidèle à sa promesse d'aller toujours au contact des citoyens. Il arbore la mine habituelle de l'édile sympathique et volontaire, qui est prêt à reboucher à mains nues les trous dans l'asphalte s'il en aperçoit, ou s'armer d'une truelle si on lui signale un nid-de-poule. Les passants le reconnaissent, certains le saluent de loin, d'autres approchent pour bavarder ou pour signaler un problème.

Tout à coup, une fenêtre s'ouvre et c'est un homme, assez âgé, la mine rieuse, qui se penche du deuxième étage d'un immeuble.

« Cher Maire, tu aimes bien être au milieu des gens, n'est-ce pas ? »

Renzi commence à lui répondre avec son refrain habituel sur l'importance de la communauté, le lien à reconstruire entre les institutions et les citoyens, sa promesse d'être toujours sur le terrain.

« Je comprends. Je t'ai vu l'autre jour à la fête foraine, hier au marché, aujourd'hui dans mon quartier. Demain, je suis sûr que je te reverrai quelque part. Mais dis-moi : au fond, tu n'as vraiment pas envie d'aller travailler, pas vrai ? »

En dehors de Florence, l'appartement modèle que le maire est en train de construire éveille l'intérêt surtout par son style. Au-delà des mesures spécifiques, qu'ils connaissent à peine, ce qui frappe les Italiens est l'énergie générée par le circuit décision-communication-réalisation.

Dans l'immobilité du marécage italien, on a l'impression que soudain se trouve à Florence quelqu'un capable de décider puis d'agir. Par rapport à un ministre ou à un secrétaire de parti, le maire a l'immense avantage de pouvoir se vanter de résultats concrets. Grâce à sa méthode de l'annonce kamikaze, Renzi anime un mouvement incessant qui contraste radicalement avec la stagnation de la scène nationale. Il se pourrait que l'Italie puisse devenir quelque chose de plus que le parc d'attractions du déclin. Et si ce prodige est possible à Florence, c'est qu'il doit forcément l'être ailleurs aussi.

CHAPITRE VII

Du bon usage des adversaires en politique –
Renzi l'affranchi.

C'est un jour d'hiver, de ceux que les touristes n'attendent pas de Florence, comme si la ville s'était réveillée sur les rives de la mer Baltique. Un petit homme vêtu de rouge se balade dans les couloirs glacés du Palazzo Vecchio. Derrière lui, le cortège des notables en costume cravate essaye d'attirer son attention sur une sculpture ici, là sur une fresque. Mais l'homme a l'air distrait. Il glisse d'une salle à l'autre, les yeux toujours rivés aux murs et aux plafonds, une expression perplexe sur le visage.

Inévitablement arrive le moment des discours officiels. La rhétorique vibrante des notables s'élève à la hauteur de l'événement : le grand honneur et les bonnes intentions, la paix dans le monde, ce jour auguste promis à être un nouveau départ. Assis au premier rang, le petit homme apparaît de plus en plus malheureux. Dans le salon immense, tous les yeux sont rivés sur le profil fin duquel n'émane pas, cette fois, la bonhomie sereine à laquelle tout le monde s'attendait. Arrive enfin son tour de prendre la parole. Lentement, tristement, le dalaï-lama s'approche du micro : « Comment voulez-vous que je vous parle de paix dans un endroit aussi rempli de scènes de guerre ? »

C'est bien vrai : au Palazzo Vecchio il n'y a rien d'autre. L'aspect extérieur, déjà, est celui d'une forteresse. Un lieu construit pour la guerre, avec les murailles en moellons de taille, les mâchicoulis et les archères, la tour vertigineuse qui affirme son empire sur la ville. Et puis, à l'intérieur, partout les images de sièges et de batailles, de hallebardes et de chevaux. Florence est une ville belliqueuse. Née sous le signe de Mars, au temps des Romains, et mise ensuite sous la tutelle du Marzocco, le lion mythologique, symbole du peuple de la ville. Il y a peu de temps encore, la commune perpétuait la curieuse tradition consistant à placer, au Palazzo Vecchio, son hôtel de ville, une cage contenant un couple de vrais lions, pour témoigner de la nature profondément guerrière de la vie florentine.

Tout naît ici de la lutte forcenée de factions

adverses : les habitants de Florence ont toujours besoin de se diviser sur quelque chose. Quand le combat entre guelfes et gibelins se termine, au lieu de jouir de leur triomphe, les vainqueurs préfèrent se diviser entre guelfes blancs et guelfes noirs pour reprendre leur extermination fratricide. Et ainsi de suite, de querelles en factions, de schismes en luttes mortelles, jusqu'à nos jours, avec une énergie jubilatoire dans la polémique qui reste l'un des traits dominants de l'esprit local.

Renzi est l'héritier de cette tradition et en a fait le caractère premier de son engagement politique. Sur la scène florentine d'abord, et sur celle nationale immédiatement après, son ascension a lieu sous le signe de l'opposition. Le carburant qui alimente le parcours de Renzi est, avant tout, une violente aversion contre les rentes, les prébendes, la caste.

À Florence, Renzi prend le pouvoir en s'opposant à la vieille nomenklatura de gauche, qui gère la ville depuis des décennies. Puis, installé à la mairie, il commence à gouverner en pilonnant tous les pouvoirs institués de la ville. Il se dispute avec les syndicats, en imposant la réorganisation du personnel de la commune, l'ouverture nocturne des musées et des bibliothèques. Il se dispute avec les entrepreneurs du bâtiment en mettant en place son plan d'aménagement qui limite sévèrement leurs marges de manœuvre. Il se dispute avec les fonctionnaires du ministère de la Culture qu'il accuse de paralyser la ville et de très mal gérer les musées d'État : les Offices et galeries de l'Accademia. Il se dispute avec les gérants de cafés, en les poussant à installer le wifi gratuit et à mettre des tables à langer à disposition des familles. Il se dispute avec les restaurateurs, en leur défendant d'installer leurs tables dans les rues s'ils ne respectent pas de nouvelles règles mises au point par une commission d'architectes internationaux. Il se dispute avec les employés de la commune en révisant les horaires et les charges de travail. Il se dispute même avec l'Église, en permettant aux couples homosexuels d'accéder aux habitations à loyer modéré (et il répond à ceux qui le lui reprochent : « J'ai gagné les primaires pour devenir maire, pas évêque »).

Et pourtant, bien qu'il croise le fer avec tous les lobbies de la ville, Renzi est le maire le plus populaire dont Florence se souvienne depuis l'époque de La Pira, c'est-à-dire les années cinquante. C'est la première fois qu'un homme politique de gauche abandonne l'habitude de s'agréger les catégories – les syndicats, les enseignants, les artisans, etc. – pour se lancer dans la conquête de l'opinion publique à 360 degrés.

Pire encore, il ne perd pas l'occasion de les tourner en ridicule. On les appelle « sujets sociaux représentatifs », dit-il, « mais ils sont bien moins représentatifs qu'un club de joueurs de Burraco (un jeu de cartes populaire en Italie). En espérant que mon jugement ne soit pas trop offensif pour le noble jeu du Burraco et ses pratiquants autorisés ». Et si ces corporations ne représentent même pas leurs membres, comment pourraient-elles interpréter la volonté de catégories entières comme les fonctionnaires ou les entrepreneurs ? Pour Renzi, la crise de la représentation n'investit pas que la politique, elle touche l'ensemble des corps intermédiaires : syndicats et associations professionnelles en premier. De son point de vue, il s'agit d'organismes largement parasitaires, qui exercent un droit de veto sur les choix publics sans avoir aucune prise sur les catégories sociales auxquelles ils prétendent se référer.

Pour le Parti démocrate, cette approche est un véritable anathème. Incapable de lire les transformations de la société, la gauche italienne a pensé longtemps pouvoir suppléer ce déficit d'analyse politique en développant un rapport organique avec les catégories sociales. Cette tendance corporative l'a poussée à s'agréger l'une après l'autre des pièces détachées – les retraités, les syndicats, les employés du secteur public, les enseignants, les magistrats (mais aussi les entrepreneurs de la Confindustria ou les médecins publics) – en essayant de satisfaire les demandes avancées par chaque lobby. Cela n'a rien de répréhensible, si ce n'est qu'un tel système exclut tous ceux qui n'appartiennent à aucun groupe organisé. Et comme par hasard, il s'agit justement de la composante la plus dynamique de la société : les jeunes en CDD, les nouvelles professions et les PME innovantes. Ce sont également, dans de nombreux cas, les couches les plus vulnérables de la société, celles qui auraient le plus besoin d'une gauche qui fasse réellement son métier.

Or, bien que peu mobile, la société italienne s'est profondément transformée au cours du dernier quart de siècle. Et la base des organisations avec lesquelles la gauche jouissait d'un rapport privilégié n'a fait que s'effriter. L'idée que les opinions des citoyens et des travailleurs encadrés soient les seules qui méritent d'être prises en compte est dépassée. Le fait que des pans entiers de la population ne soient affiliés

à nul syndicat ne signifie pas qu'ils ne comprennent pas ou ne votent pas. Ne pas prendre
en compte leurs attentes veut dire se couper
de strates de plus en plus larges de l'électorat,
en courant le risque de se réveiller dans un
monde où l'agrégation des catégories n'est plus
suffisante pour gouverner.

Selon Renzi, l'opinion publique est plus
avancée que ses interprètes attitrés. Établir un
rapport direct et constant avec elle lui donne
la possibilité de contourner les résistances
conservatrices, parce que les citoyens désirent
le changement beaucoup plus que les lobbies
organisés. Et le fait que tous les représentants
du vieux système, complètement déconsidé-
rés, se jettent sur lui, ne peut que renforcer
le Florentin, en donnant plus de crédibilité à
son projet de changement. C'est pour cette
raison qu'au lieu d'apaiser les tensions, le maire
provoque constamment ses adversaires. Leurs
réactions furieuses sont la meilleure des publi-
cités pour son action.

Salutem ex inimicis nostris, disait le cardinal
Mazarin, grand adversaire de Retz. Et il est vrai
que sans l'exhibition quotidienne de la rage des
anciens hommes de pouvoir, la révolution de
Renzi aurait beaucoup moins de vigueur. S'il

n'y avait pas, chaque jour, un politique usé, un bureaucrate, un syndicaliste ou même un cardinal, prêt à se lever pour traiter le maire de tous les noms, Renzi ne serait pas aussi visible. Et il ne réussirait pas, tout en étant au pouvoir, à garder l'image enviable du rebelle qui n'a d'égards pour personne quand il doit accomplir sa tâche.

La popularité du maire est garantie par la violence des attaques qui lui parviennent d'une classe dirigeante monstrueusement impopulaire. Et ses partisans le suivent d'abord au nom de l'opposition à un ennemi commun, celui que les journaux italiens appellent « la caste ».

Dans un premier temps, ce phénomène se produit au niveau local. Mais, dès le début, Renzi entend porter son combat sur la scène nationale. Quelques jours après les primaires de 2009, le Florentin hausse le ton avec Rome. Quand le secrétaire du Parti démocrate, Walter Veltroni, est contraint de démissionner et que le vice-secrétaire, Dario Franceschini, pose sa candidature pour le remplacer, Renzi est lapidaire : « Si Veltroni a été un désastre, je ne vois aucune raison d'élire le vice-désastre. »

Une blague réussie est, depuis toujours, la meilleure façon d'attirer l'attention des Italiens et, à ce jeu-là, les Florentins sont passés maîtres. C'est ainsi qu'alternant entre provocation et raillerie, Renzi se taille la place de l'enfant terrible qui dit tout haut ce que beaucoup pensent tout bas.

Arrive ainsi l'été 2010. Nous sommes à la fin du mois d'août et les journaux ne savent plus quoi faire pour capter l'intérêt d'un public abruti par la chaleur et les vacances. Le maire reçoit un journaliste de *La Repubblica* dans son bureau. Ce dernier l'interroge sur les projets de la gauche, à savoir la fondation d'une nouvelle alliance, au titre botanique. « Nouvel Olivier ? », fait mine de s'interroger Renzi. « Un bâillement va nous enterrer. Renvoyons-les tous chez eux, ces tristes leaders du Parti démocrate. »

« Vaste programme, monsieur le Maire », sourit l'intervieweur.

Et lui : « Si nous voulons nous débarrasser de grand-père Silvio – c'est ainsi que je l'appelle, et non pas "caïman" – nous devons nous libérer de toute une génération de dirigeants de mon parti. Je ne fais aucune distinction entre D'Alema, Veltroni, Bersani... ça suffit. Le moment est venu de les mettre à la casse. Sans primes fiscales. »

L'interview provoque l'effet d'une bombe dans la torpeur estivale. Personne n'avait jamais osé liquider en des termes aussi péremptoires l'élite qui gouverne la gauche depuis plus de quinze ans. Ce qui frappe surtout c'est l'expression utilisée par le maire : cette « mise à la casse sans primes » (en italien : *rottamazione*) qui est un terme qui se réfère normalement aux voitures usées. « Si j'avais poliment souhaité une alternance entre les générations, personne ne m'aurait entendu », dira ensuite le Florentin, parfaitement conscient du caractère stratégique du langage.

À partir de ce jour, Matteo Renzi devient pour tous « Il Rottamatore », le briseur d'idoles. Et le cœur de son identité se cristallise autour de la promesse d'éliminer l'ensemble de la classe politique de la gauche, seule pré-condition, à son avis, pour battre « grand-père Silvio ».

Un appel de ce genre avait déjà été prononcé, quelques années auparavant, par le metteur en scène Nanni Moretti, au cours d'une manifestation publique devenue célèbre. « Avec ces dirigeants nous ne gagnerons jamais », avait scandé le réalisateur depuis la tribune d'un meeting sur la place Navone de Rome, en glaçant l'état-major du parti présent à ses côtés. L'événement avait fait beaucoup de bruit, mais n'avait eu aucune conséquence pratique. La différence, cette fois, c'est que Renzi propose une alternative. Si l'intervention de Moretti n'était qu'un

cri du cœur, le réalisateur n'ayant aucune intention de quitter le cinéma pour se consacrer à la
politique, Renzi incarne l'embryon d'une solution possible. Jeune maire d'une ville importante
comme Florence, l'iconoclaste se présente, dans
l'interview, comme le porte-drapeau d'une nouvelle classe dirigeante, qui a grandi sur le terrain
et a été sélectionnée à travers les primaires. Il
ne demande simplement que l'application d'un
article des statuts du Parti démocrate : celui qui
interdit, à ses représentants au Parlement, de
faire plus de trois mandats consécutifs.

L'interview à *La Repubblica* contient aussi
l'ébauche d'un changement d'axe. Quand
Renzi dit qu'il n'appelle pas Berlusconi « le
caïman » mais plutôt « grand-père Silvio », il
viole le dogme de la gauche antiberlusconienne.
La référence vient justement du film de Nanni
Moretti, qui peint le leader de la droite comme
le Caïman : l'incarnation de tout ce qu'il y
a de mal et de corrompu dans l'Italie d'aujourd'hui. Si la vieille gauche diabolise le Cavaliere, Renzi le considère simplement comme
dépassé. Le problème de Berlusconi est qu'il
n'a tenu aucune des promesses qu'il a adressées
aux Italiens pendant des années et qu'il s'agit
aujourd'hui d'un vieillard, potentiel grand-père
d'un Renzi de trente-cinq ans.

Encore une fois, sous des apparences banales se cache une petite révolution culturelle. Renzi est persuadé que l'antiberlusconisme a échoué. il pense que trois triomphes électoraux en quinze ans ont prouvé que les Italiens trouvent sans intérêt les arguments usés de la gauche contre Berlusconi, les procès, les conflits d'intérêts, les critiques esthétiques et culturelles. Dans la tête de Renzi, le Cavaliere doit être battu sur le terrain de la politique. Et la seule façon de le faire est de construire une alternative positive, au lieu de miser uniquement sur la destruction de l'adversaire. Quand le journaliste le questionne sur les noms d'alliés possibles pour le Parti démocrate, le maire répond : « Je ne veux pas jouer au petit chimiste. Dites-moi plutôt, que pense mon parti du travail en pleine mutation ? De l'innovation ? De l'environnement ? Et des impôts ? J'étais encore au lycée quand Berlusconi et Tremonti (son ministre de l'Économie) proposaient la réduction de la progressivité fiscale à deux tranches seulement. Quand nous sommes arrivés au gouvernement, le seul slogan était l'atroce "payer ses impôts est magnifique". Il doit bien y avoir un juste milieu. »

De fait, l'interview contient déjà les ingrédients du programme avec lequel Renzi prendra le pouvoir quelques années plus tard. La massue et le papillon. La massue est celle que le maire abat sur la caste, la mise à la casse de la vieille classe politique, mais aussi la transgression de ses tabous : de l'antiberlusconisme au choix en matière de fiscalité et de travail. Nous y reviendrons.

Le papillon, en revanche, est une alternative positive, optimiste. Non pas contre quelque chose (Berlusconi), mais en faveur d'une autre (une nouvelle génération, l'innovation, l'emploi). Pour l'instant, les contours de ce projet sont encore flous, plus une suggestion qu'une véritable plateforme électorale. Mais l'interview de la mise à la casse vient d'imposer un nouvel acteur de premier plan sur la scène politique italienne.

CHAPITRE VIII

Où les Barbares s'organisent – La Star Academy qui allait changer la politique.

Norman Mailer n'avait aucun respect pour les grands ténors de la politique américaine. Si un homme de goût arrivait de Mars – disait-il – et s'il jetait un coup d'œil sur le parterre d'une convention du Parti démocrate américain, il rentrerait chez lui convaincu d'avoir visité l'un des faubourgs les plus sinistres de l'enfer. Avocats, hommes de main, mafieux, gardes du corps et vieilles dames, syndicalistes et affairistes, se rengorgeant de hauts principes mais négociant de minuscules combines, fumant des cigares et volant les peignoirs des hôtels.

C'est pour cette raison que Mailer a décrit avec une pointe de sadisme la grande réunion des dirigeants démocrates à Los Angeles pour couronner John Kennedy en 1960, traçant ce portrait psychologique du cador typique égaré dans la convention. « Le boss est déprimé, profondément déprimé. Il vient à la convention résigné à nommer un homme qu'il ne comprend pas ou, dans la mesure où il le comprend, il n'est pas content du secret de son succès (...). Malgré son expérience – sa bonne, équilibrée, conventionnelle carrière de libéral – ce candidat a une patine de l'autre vie, la deuxième vie américaine, la longue nuit électrique des feux au néon qui conduisent le long de l'autoroute vers le murmure du jazz. »

Aujourd'hui, on parlerait de l'éclat des reality shows ou des basses du hip-hop, plutôt que du murmure du jazz. Mais, mis à part cela, un baron du Parti démocrate italien qui se serait aventuré à Florence le week-end du 6 novembre 2010 aurait probablement éprouvé des sentiments assez semblables à ceux décrits par Mailer.

Essayez d'imaginer la perplexité de cet homme. Il débarque à Florence et, au lieu de le diriger vers le palais des congrès comme d'habitude, on le guide vers une vieille gare désaffectée, la Leopolda : une caverne immense, totalement disproportionnée pour un meeting politique ordinaire. Il arrive sur place et, en guise d'accueil, il ne trouve qu'une seule pancarte, au lieu des drapeaux du Parti démocrate : « Au passé merci, au futur oui – Dag Hammarskjöld. » Dag qui ? Il entre dans la gare et là non plus aucun symbole du parti. En revanche, les haut-parleurs font entendre une musique assourdissante, la bière pression coule à flots, les babysitters s'occupent des plus petits et les t-shirts fluo proclament : « Les dinosaures ne se sont pas éteints tout seuls. » Il est vrai que nous sommes un vendredi soir, mais l'atmosphère évoque plutôt une rave party improvisée qu'une réunion politique.

Éberlué, le notable démocrate poursuit son chemin et arrive jusqu'à l'allée centrale, d'où partaient jadis les trains. Il y a là des milliers de sièges, apportés d'on ne sait où, et, tout au fond, une sorte de console de DJ. Derrière elle, couronnée de deux MacBook rutilants, Renzi et un complice. Ils bavardent, plaisantent, commentent l'actualité et les discours de ceux qui se sont inscrits pour intervenir. N'importe qui peut prendre la parole, mais personne ne peut la garder longtemps, sous peine d'être interrompu par le gong qui résonne toutes les cinq minutes. Des entrepreneurs, des bénévoles, des étudiants et quelques imposteurs, ravis de pouvoir disserter. Il y en a qui crèvent littéralement l'écran, tandis que d'autres s'embrouillent. Certains sont de la génération connectée, et d'autres ne s'expriment qu'en dialecte florentin. Entre un discours et l'autre, Renzi envoie des dessins animés et des extraits de film, les Simpson et Morgan Freeman, Bip Bip et Coyote et Steve Jobs sur l'estrade de Stanford.

Notre notable est stupéfait. Il n'y a rien, ici, qui lui soit familier. Ni les visages des orateurs, ni les arguments qu'ils emploient, très loin de ceux de la vieille gauche différente. D'ailleurs, le secrétaire du parti, Pierluigi Bersani a convoqué une autre réunion au même moment, à Rome, pour essayer de détourner l'attention du public du meeting de Florence. En jugeant du résultat, la manœuvre n'a pas vraiment fonctionné : les notables sont restés à Rome, mais plus de dix mille personnes passent par la Leopolda en deux jours.

Pourtant, ce n'est pas seulement l'absence de visages connus qui alarme notre baron. Il y a l'atmosphère, le rythme, la lumière des néons qui semblent annoncer l'arrivée d'une nuit électrique à laquelle il se sait complètement étranger. Il serait peut-être moins dépaysé s'il avait lu le texte que l'écrivain Alessandro Baricco, l'un des rares visages connus de la Leopolda, a consacré quelques années auparavant à ceux qu'il appelle « les barbares ». Selon Baricco, les barbares sont une race mutante qui est en train de donner l'assaut aux forteresses du monde d'hier, en pratiquant la politique de la terre brûlée pour imposer ses lois. Dans son livre, Baricco décrit les profondes transformations qui ont investi le monde du vin, du football et de l'édition. Dans chacun de ces cas, l'auteur voit la même dynamique à l'œuvre. Quand les barbares occupent un territoire, ils le font grâce à une série de gestes en apparence tout simples. En premier lieu, ils exploitent une révolution technologique pour entrer dans le vieux système. Deuxièmement, ils imposent un nouveau langage, plus simple, qui brise le monopole des initiés en faveur d'un cercle plus large. Troisièmement, ils injectent une dose massive de spectacle pour imprimer un rythme différent à l'ensemble.

Le résultat est un nouveau monde, dont les seigneurs du passé ont certainement raison de se plaindre, mais qu'on ne pourrait considérer comme une simple régression. Ce serait comme « liquider la locomotive à vapeur parce que, par rapport aux vieux carrosses à chevaux, c'est un objet laid, vulgaire, puant et par ailleurs dangereux ». Ce qui est probablement vrai, dit Baricco, mais ne tient pas compte de l'énergie produite par la nouveauté : « Le regard qui ne s'arrête que sur un aspect de l'invasion barbare risque la stupidité pure. »

Prenons l'exemple du multitasking, cette façon un peu déconcertante qu'ont les barbares de faire dix choses à la fois : recevoir quelqu'un pendant qu'ils discutent sur Facebook, répondre aux SMS et s'amuser, tout en parlant, avec une petite balle de gomme. Les non-barbares la considèrent comme une névrose, une façon hystérique de tout faire mal. Mais, selon Baricco, il faut regarder les choses d'un autre point de vue. Le multitasking des barbares n'est pas une façon de bâcler plusieurs gestes qui, pris individuellement, seraient importants. C'est la façon d'accomplir un seul geste, qui les comprend tous, un geste doté de vitesse, de spectacle, de rythme.

Le sens, pour le barbare, ne se trouve pas en plongeant en profondeur, mais plutôt en glissant sur la surface la plus vaste possible. Les connexions l'attirent plus que les raisonnements linéaires. Le dessin d'ensemble plus que le point singulier. La rapidité du mouvement l'emporte sur tout : la mort, pour lui, c'est de s'arrêter, de devenir vulnérable, d'ennuyer.

Renzi est le pur produit de cette culture. On dit qu'il ne lit pas de livres. C'est inexact. Il lit, et beaucoup, mais avec le regard vorace du prédateur. Plutôt que jouir des livres, Renzi les agresse, les dépèce, les dépouille, à la recherche de tout ce qui peut lui être utile, puis les jette comme des carcasses exsangues. J'ai hérité par hasard d'une de ces carcasses. Un roman de Baricco lui-même, *Mr Gwyn*, parsemé de soulignages au feutre vert. « La seule chose qui les fait se sentir vivants est celle qui, lentement, est destinée à les tuer. Les fils pour les parents. Le succès pour les artistes, les montagnes trop hautes pour les alpinistes. Écrire des livres, pour Jasper Gwyn. » « Il se gara en face de la lance à incendie. C'était sa façon de contester la gestion que le gouvernement faisait des fonds pour la culture. » « Mourir n'est qu'une manière particulièrement exacte de vieillir. » Ce sont des phrases saillantes, que Renzi souligne comme un lecteur quelconque. Il y a également des images qui frappent le prédateur. « Elle était radieuse, dans sa beauté sans but », « il avait commencé à mesurer le poids des heures », « un homme qui de loin avait entraîné sa folie jusque-là », « elle passait de temps en temps dans les taches d'obscurité ».

Renzi les souligne et les transforme en slogans, marqués en lettres capitales avec le même feutre vert : « la beauté n'est jamais sans but », « combien pèsent les heures ? ». En dernière page, le prédateur met à jour son tableau de chasse, en résumant le butin du jour : « Jusqu'où traînerez-vous votre folie ? », « nous traverserons ensemble les taches d'obscurité de cette ville »...

Une journaliste du *New Yorker* a écrit que Renzi essaie les aphorismes comme d'autres les cravates. C'est vrai, il les fait constamment rebondir, comme la balle de gomme de l'adolescent dont parle Baricco. En cela, il est parfaitement en ligne avec la communication en 140 caractères qui est devenue la norme de notre temps. Et avec une génération entière qui a appris à taper sur un clavier avant de savoir écrire.

Susan Greenfield, une spécialiste du cerveau de l'université d'Oxford, a comparé le *Mind Change*, le changement d'esprit en cours, au *Climate Change*. De même que les paramètres environnementaux, les paramètres cérébraux seraient aussi en train de se transformer. Mais ce n'est pas une mutation à sens unique. Qui se plaint de la réduction du temps d'attention ne voit pas l'élargissement du spectre de l'esprit : ce que l'on perd en intention, on le gagne en extension, pour paraphraser Descartes. Qui se lamente en déplorant la misère intellectuelle des réseaux sociaux perd de vue une nouvelle capacité d'écriture : incisive, synthétique, parfois même élégante. Combien de décennies ont passé depuis la dernière fois que les jeunes échangeaient des lettres et des messages à un rythme aussi forcené ? Il est certain que quelque chose s'est perdu, depuis le temps de madame de Sévigné. Mais nous y avons aussi gagné un bienfait, si, comme le disent les sondages, les tout jeunes sont aujourd'hui les plus forts lecteurs de la péninsule, 15 % de plus que leurs parents, en excluant les textes scolaires.

S'il s'agit d'un monde nouveau, Renzi n'en est certainement pas l'inventeur, mais plutôt sa traduction politique. La Leopolda est la première tentative d'importer dans l'arène publique italienne un peu de l'énergie libérée par le *mind change* d'une génération.

Ce n'est pas qu'une question de rythme. Sous l'aspect formel, il y a la substance. La stratégie de Renzi consiste à s'appuyer sur le facteur générationnel pour briser les tabous de la gauche. Pour les jeunes d'aujourd'hui – écrit-il déjà en 2006 – le drapeau rouge est l'emblème de la Ferrari, pas un symbole politique. Les nouvelles générations n'ont ni connu, ni voté pour les vieilles Églises – le Parti communiste et la Démocratie chrétienne – auxquelles se rattachent toujours les leaders du Parti démocrate. Berlusconi était déjà au pouvoir quand ils ont fait leur entrée dans l'âge adulte. Pour eux, ce dernier ne représente pas le mal. Au contraire, le Cavaliere leur a apporté les dessins animés japonais quand ils étaient enfants et les séries américaines quand ils ont grandi. Le problème, c'est que Berlusconi a vieilli. Et qu'il n'a rien fait pour résoudre la crise de l'économie et de la société italienne. Pire, il l'a visiblement aggravée.

Quand les papes de l'antiberlusconisme militant l'interpellent sur son attitude par rapport au petit Satan cathodique, Renzi répond par une lettre ouverte à *La Repubblica.* « Il n'y a pas qu'une simple différence entre Berlusconi et moi : il y a une altérité totale qui part de la conception de la politique et arrive jusqu'au compte en banque, en passant par les femmes et la religion. Mais je n'accepterai jamais de devenir un de ceux qui trouvent en Berlusconi un alibi pour ne pas faire de politique et se contentent d'un bon bouc émissaire. »

Pour Renzi, la crise de la nation n'incombe pas seulement au Cavaliere, mais aussi à la génération entière qui a gouverné l'Italie pendant vingt ans. Une génération qui n'a fait que se disputer sur la personne de Berlusconi, sans jamais affronter les vrais problèmes du pays. Si Berlusconi a échoué, l'opposition antiberlusconienne, qui n'a pas réussi à construire une alternative politique au chef de Forza Italia, a gravement manqué à ses responsabilités.

La gauche est peu attrayante parce qu'elle s'obstine à seriner la jérémiade du déclin et de l'avilissement de la société, ce que Renzi appelle le « tristisme ». « Je continue à penser que c'est l'un des grands problèmes de la gauche italienne, écrit-il. Quand nous entrons dans nos assemblées, locales et nationales, nous donnons l'impression de ne collectionner que des regrets et de la rage. Nous peignons la réalité comme un problème, jamais comme une opportunité. »

Le tristisme, c'est une approche dépressive, doctorale, médicale, qui se justifie par la crainte permanente qu'a le Parti démocrate d'être dépassé à gauche, si jamais il se risquait à introduire une vision positive, au lieu de se charger de toute la douleur du monde. Un préjugé qui vient de loin, selon lequel reconnaître les occasions offertes par les nouveaux scénarios technologiques et économiques reviendrait à se désintéresser du sort des plus faibles, de ceux qui peinent le plus à trouver leur place dans la société contemporaine.

Le Florentin pense exactement le contraire. Qui s'assied par terre et fait barrage au changement, dans l'espoir de conserver l'existant, celui-là est condamné au déclin. Et les premiers à souffrir de l'immobilité sont justement ceux qui se trouvent au bas de l'échelle sociale. Renzi pense plus ou moins ce que pensait le compositeur d'avant-garde Arnold Schoenberg. Lequel, au début du XXe siècle, voyant paraître toute une série de livres catastrophiques sur le futur de l'Occident, affirma : « La seule chose qui a convaincu tous ces auteurs du déclin et de la chute de notre culture est la conscience de leur manque total de talent. »

La vieille gauche occupe depuis toujours les premiers rangs des Cassandres. Pour elle, le système industriel italien, fait de très peu de grandes entreprises et d'une myriade de PME, est le pire des mondes possibles : un lieu inhospitalier régi par les pulsions animales de petits patrons exploiteurs, un salariat trop fragmenté et dramatiquement hétérogène pour être encadré par les syndicats. Une jungle sans lois peuplée de fraudeurs fiscaux et d'électeurs de la Ligue du Nord ou de Berlusconi.

Elle n'a pas compris, cette gauche, que le vrai « rêve italien », les principales opportunités de promotion sociale qui se sont matérialisées au cours des dernières décennies dans des régions comme la Vénétie, le Frioul, les Marches ou les Pouilles, est passé presque entièrement par la création de nouvelles entreprises de la part d'anciens ouvriers. Elle n'a pas vu que, bien qu'au prix de sacrifices considérables, ce réseau de PME a su s'adapter au nouveau scénario compétitif et continue à enregistrer des performances extraordinaires sur les marchés partout dans le monde. C'est pour cette raison que la gauche a entièrement disparu de certaines régions du pays : les plus productives et les plus dynamiques, celles dans lesquelles le système industriel a trouvé la force de survivre et de se réinventer.

Le point de départ consiste, pour Renzi, à changer d'interlocuteurs. La surexposition paroxystique de la politique et de ses figurants essoufflés cache au public les vrais acteurs de la vie de la péninsule. Est-ce possible que tout le monde connaisse les noms des plus obscurs seconds couteaux du Parlement, se dit-il, alors que personne ne sait qui sont Riccardo Donadon et Massimo Banzi ? Pourtant Donadon a créé H-Farm, une petite Silicon Valley à un quart d'heure de l'aéroport de Venise, en unissant le meilleur de l'expérience des incubateurs d'entreprise américains avec la vocation italienne au design et au sur-mesure. Et Banzi – avec son système Arduino – est l'un des fondateurs de celle que certains analystes appellent la nouvelle révolution industrielle : celle des prototypes digitaux et des imprimantes 3D. Comme eux, des milliers de chercheurs, d'entrepreneurs, de maires et de leaders du secteur associatif travaillent, enracinés dans une tradition d'excellence, et la tête projetée vers les frontières de l'innovation. Mais personne n'a le temps de se soucier d'eux parce que toutes les énergies sont concentrées sur l'analyse de la dernière polémique, des petites phrases échangées par deux obscurs politiciens.

La Leopolda est la tentative de déplacer l'attention des médias et de la politique sur les vrais acteurs du renouveau de la société italienne. Au cours de la première édition du meeting, et des cinq autres qui suivront, émergent pour la première fois de nouveaux visages, qui deviendront les hérauts d'une nouvelle saison politique.

Comme Oscar Farinetti, un entrepreneur piémontais qui a conquis Tokyo et New York, ainsi que Rome et Milan, avec ses supermarchés Eataly, consacrées à l'alimentation italienne de qualité. Personnage brillant, vibrionnant, bateleur de génie, qui considère que sa mission, son sacerdoce presque, consiste à répandre dans le monde l'évangile de la mozzarella de Battipaglia et des pâtes tréfilées au bronze, un homme capable de vous entretenir des heures sur les vertus comparées des 537 types d'huiles d'olive italiennes. Ou Maria Elena Boschi, une jeune avocate qui prend la parole à la Leopolda pour la première fois, et qui deviendra une sorte d'icône du renzisme dans le rôle de ministre des Réformes constitutionnelles, chargée de réaliser le très ambitieux programme du Florentin dans ce domaine. Ou encore Antonio Campo dall'Orto, le patron de toutes les chaînes musicales MTV, celle des États-Unis mise à part, que Renzi portera quelques années plus tard à la tête de la Rai, la radio-télévision d'État.

La liste des personnages qui font leur apparition à la Leopolda pour la première fois, et qui joueront plus tard un rôle majeur dans la politique, dans l'administration ou dans les médias, pourrait remplir des pages entières. Comme s'il s'agissait d'une gigantesque « Star Academy », un concours télévisé appliqué à toutes les sphères de la vie publique. Cent quarante-quatre personnes prennent la parole au cours de la première édition. On y trouve un peu de tout, sauf les interlocuteurs classiques de la gauche : syndicalistes, représentants des fonctionnaires, ou des ordres et associations professionnels.

Il en résulte un laboratoire bizarre, à l'intérieur duquel il n'est pas facile de s'orienter. Rien d'étonnant si les commentaires des observateurs oscillent entre l'amusement hautain pour ce qu'ils considèrent comme un carnaval brouillon et fumeux, et le point de vue d'Oscar Wilde : « La nouvelle génération est épouvantable. J'aimerais tellement en faire partie. »

La Leopolda est un bouillon de culture chaotique mais plein de vie. Parmi les slogans qui résonnent sous les voûtes de l'ancienne gare

reviennent constamment des paroles inter-
dites depuis toujours dans les assemblées de
la gauche. On parle d'introduire de nouveaux
critères d'évaluation de la qualité dans l'administration et parmi les enseignants, en adoptant
le point de vue des usagers, plutôt que celui
des employés publics (« *We're not the party of
teachers* – disait toujours Bill Clinton – *we're
the party of education* »). On parle de refor-
mer le droit du travail, de façon à faire de
la place pour les jeunes précaires en CDD
sur lesquels se sont reportés tous les coûts de
la flexibilité, mise en place pour compenser
l'extrême rigidité du salariat traditionnel. On se
demande comment déplacer une partie du système d'assistance publique, entièrement consacré aux retraites, vers les nouveaux risques et
les nouvelles pauvretés, en incluant celles qui
touchent l'enfance et les 40 % de jeunes sans
emploi. Sur ces thèmes, ainsi que sur beaucoup d'autres, la Leopolda ne produit pas de
réponses cohérentes, mais elle pose pour la
première fois de façon impérative des questions
qui ont été évacuées par la gauche pendant des
décennies. C'est le point de vue des outsiders,
les invisibles qui ont été les oubliés d'une politique exclusivement occupée à négocier avec
les groupes organisés. Il n'y a rien de pire

qu'une gauche hypocrite – pense Renzi, qui ne compte pas la langue de bois parmi ses défauts. L'hypocrisie appartient à ceux qui se gargarisent des nobles principes d'égalité et de justice sociale, pour ensuite tolérer en silence la multiplication des effets pervers des politiques mises en œuvre.

Ayant grandi à l'époque de la fin des idéologies, la génération Leopolda possède une veine subversive inattendue. Non pas la transgression obligatoire des soixante-huitards, le petit livre rouge de la révolution en marche, la provocation conçue pour épater la bourgeoisie, mais bien le contraire. La transformation inexorable de l'amphibie contraint à développer des poumons s'il veut respirer en dehors de l'eau. Le gène en plus de la mutation hasardeuse qui fait évoluer l'espèce. Quand tous les manuels qu'on a appris par cœur sont faux et pointent dans la mauvaise direction, le bricolage, existentiel et professionnel, est la seule chance de survie. Il n'y a ni guides, ni règles, ni tabous. Ce qui marche est juste, même si cela contredit tous les dogmes. La seule vraie hérésie serait de s'attarder pour célébrer les rituels fatigués des divinités mortes.

CHAPITRE IX

*Histoire de la chute de Rome : où et comment
tout vacille – Renzi entravé, mais pas coulé.*

Au cours de siècles féroces et brillants, dont
la mémoire serpente encore dans les rues des
anciennes communes du centre de l'Italie, il
arrivait parfois que les conflits incessants et les
querelles des factions atteignent une ampleur
insupportable, paralysant la vie de la cité. Les
notables de l'époque avaient alors recours à une
solution qui a si souvent débloqué les crises politiques de la fin du XIe siècle et de celui d'après
qu'elle est devenue une véritable institution. Il
s'agit du podestat. Un étranger, figure *super
partes* qui arrivait de l'extérieur, était appelé
pour administrer la chose publique de façon
neutre, sans être comptable d'aucun des partis
qui aspiraient à gouverner la ville. Il pouvait être
en charge jusqu'à deux ans – mais ne restait
en général pas plus de six mois. Il amenait sa
propre équipe d'experts et d'assistants avec lui.

Il ne fallait pas qu'il ait un rapport préexistant avec la ville et, pendant sa durée en charge, ses contacts avec la communauté étaient le plus limités possible. On lui demandait d'opérer sur le corps vivant de la cité comme un technicien, un chirurgien. Et de repartir ensuite, avec une généreuse récompense si son bilan était considéré comme satisfaisant, exactement comme un consultant de McKinsey.

La figure du podestat étranger a fait son retour en Italie à l'automne 2011, peu de jours après la clôture de la deuxième édition de la Leopolda. Ce fut, d'une certaine façon, l'extrême tentative de la part d'une génération entière pour apporter une réponse à la crise dont elle était elle-même responsable, le dernier rempart contre l'invasion barbare qui se profilait déjà à l'horizon.

Le gouvernement de Mario Monti naît d'une crise financière qui menace de précipiter l'Italie vers le défaut de paiement. Il s'agit d'une crise née de la politique – avec Berlusconi balayé par les scandales et dépourvu d'une majorité parlementaire – que le président de la République décide de résoudre en faisant justement appel à un podestat : le recteur de la Bocconi de Milan, l'université d'études économiques la plus prestigieuse de la péninsule.

Monti forme un gouvernement de professeurs, rigoureusement non élus, se présente au Parlement, où il obtient le soutien des principales formations politiques du pays, avec le Parti démocrate et Forza Italia aux premiers rangs, et il commence à mettre en œuvre le programme de réformes draconiennes conseillées par les institutions internationales et européennes : réduction des retraites, libéralisations, nouveaux impôts pour réduire le déficit public, etc. « Le but de ma vie a toujours été de rendre l'Italie un peu plus semblable à l'Allemagne », déclare même Monti lors d'une curieuse interview avec le *Corriere della Sera*.

En pratique, tout le contraire de la Leopolda. Non pas la recherche d'une voie italienne, mais la énième réponse à la crise, la tentative désespérée de ressembler un peu plus aux puissants amis de l'Europe du Nord. Les réformes imposées de l'extérieur, l'austérité comme dogme et horizon indépassable. Les politiques, d'ailleurs, l'ont bien cherché. À force de se décharger de leurs responsabilités sur la mondialisation et sur l'intégration européenne, en présentant les réformes comme une contrainte étrangère plutôt qu'en tant que choix politique, ils ont fini par convaincre l'opinion publique. Si tout dépend de Berlin et de Bruxelles, à quoi peut bien servir un gouvernement national ? On peut tout aussi bien le confier à des technocrates compétents, qui exécutent de la meilleure façon les directives en provenance de l'étranger.

En Europe, les chancelleries applaudissent bruyamment et, comme par enchantement, les marchés financiers s'apaisent. En Italie, quelqu'un déplore la mise sous tutelle de la démocratie, mais l'opinion publique semble soulagée d'être finalement entre de bonnes mains. Les médias ne tarissent pas d'éloges sur les qualités teutoniques du nouveau président du Conseil : y passent non seulement ses titres académiques et ses reconnaissances internationales, mais aussi ses vertus domestiques, tellement lointaines des excès de Berlusconi. Monti porte le loden. Monti va en vacances en Engadine, dans les Alpes suisses. Monti a une femme simple et discrète, avec laquelle il fait ses courses au supermarché.

Pendant cette phase, Renzi ralentit sa course. L'Italie n'a plus à sa tête un vieux satrape à la dérive, mais bien un technocrate compétent et austère. Face à lui, le maire de Florence apparaît comme un jeune homme sans expérience. Si sa fraîcheur créait un contraste positif avec l'atmosphère de Bas-Empire qui a dominé la dernière saison de Berlusconi, elle apparaît comme un risque intolérable au milieu d'un tourbillon financier dramatique. L'Italie n'a plus envie d'aventures. « Vous vous imaginez Renzi en colloque avec Angela Merkel ? » murmurent méchamment les adversaires du maire à l'intérieur du parti. Et tout le monde rit à la seule idée d'avoir pu penser, ne fût-ce que pour un instant, à confier le pays au blanc-bec de Rignano.

Mais, après les premiers mois d'éloges pour Super Mario et les couvertures dithyrambiques (*Time Magazine* : « *Can this man save Europe ?* »), l'étoile de Monti commence à s'effacer.

Ennio Flaiano a raconté dans son apologue délicieux *Un marziano a Roma* le débarquement d'un extraterrestre, un Martien à la Villa Borghese. Il y est d'abord reçu avec tous les honneurs. La foule en liesse paralyse la ville, le chef de l'État s'empresse de le voir, le pape est un peu moins enthousiaste, mais lui donne tout de même audience. Tout le monde s'attend à ce que sa venue marque un nouveau début pour l'humanité, la fin des guerres, des maladies, de la pauvreté. Après quelques semaines, le Martien commence à s'intégrer à la vie de la capitale : il assiste à une session de la Chambre des députés, participe aux cocktails de l'aristocratie, prononce quelques discours de bonne volonté. Les gens font toujours la queue pour visiter son vaisseau spatial garé à la Villa Borghese, mais ils recommencent aussi à parler d'autre chose, de la circulation et du prochain match de football. Les journaux publient les premières caricatures du Martien.

Plus le temps passe et plus sa position se fait délicate. Parmi les milliers de lettres qu'il reçoit tous les jours, le Martien se rend compte qu'il y a de plus en plus de protestations : sa venue n'a rien changé à la vie des gens. Un soir, il est pris en photo pendant qu'il s'empiffre de spaghetti dans un restaurant du Trastevere. Il tombe amoureux d'une danseuse qui ne veut pas de lui, on le voit rôder en compagnie de personnages de moins en moins recommandables.

Un matin, il se rend à l'aéroport pour accueillir une star américaine en tournée. Les photographes lui hurlent de se mettre de côté : sa présence sur le cliché le rendrait invendable : « Pousse-toi, Martien ! » L'extraterrestre est de plus en plus en difficulté : il se met au whisky, accepte un petit rôle dans un film, se promène tout seul sur la plage. Quand il décide, finalement, de plier bagage, l'indifférence foncière de la Ville éternelle s'est définitivement refermée sur lui.

Au cours de l'année 2012, Super Mario subit le sort du Martien de Flaiano. Accueilli au départ par les acclamations enthousiastes des journalistes et des salons, le professeur connaît un rapide déclin. En peu de mois, il multiplie les erreurs, n'arrive pas à donner de sens à son action et finit par perdre le contrôle de la machine. La majorité de ses ministres ne connaît son sujet qu'à travers les comptes rendus du FMI, et n'a pas la moindre idée de la façon dont on gère un ministère. Sans parler de l'exigence de générer le consensus qui, dans une démocratie, même en sursis, continue à être essentielle. Gaffes et faux pas se multiplient. On n'aperçoit nulle part l'ombre d'une vision qui serait censée justifier les sacrifices que l'on demande aux Italiens. Au contraire, du gouvernement du podestat émane une froideur qui se tourne en indifférence. Quand il est interrogé sur le drame du chômage, Super Mario se dresse contre la monotonie du travail salarié qui, à son avis, serait « ennuyeux ». En même temps, la ministre de l'Intérieur s'en prend aux « *mammoni* », ces petits garçons immatures qui voudraient un job « dans la même ville, près de papa et maman », en oubliant les données dramatiques sur la reprise de l'émigration du Sud de l'Italie, négligeant en passant le contre-exemple de son propre fils, employé avec un salaire annuel d'un demi-million d'euros par un constructeur qui finira en prison quelques mois plus tard. Peu à peu, la froideur de Monti, initialement perçue comme un antidote bienvenu à la chaleur irresponsable de la classe politique, se transforme en sécheresse de cœur, détachement, insensibilité. Un trait qui avait été exalté comme une vertu face au déferlement de l'esprit de faction devient insupportable face aux malheurs humains. Au nord du pays, les suicides d'entrepreneurs étranglés par la crise et par les nouvelles dispositions, extrêmement sévères, sur l'exaction fiscale, se multiplient. Au sud, les camionneurs s'unissent aux paysans et aux pêcheurs dans la révolte contre l'augmentation des taxes sur le carburant. Et, dans cette situation, le gouvernement semble tétanisé : non seulement il ne propose pas de solutions, mais il n'arrive même pas à produire le minimum d'empathie qui, à défaut de soigner le mal, aurait au moins le mérite de réduire la peine.

Cela dit, la faute n'est pas entièrement celle de Super Mario et de ses ministres glaciaux. Le vice est dans l'illusion du podestat étranger. Dans l'idée que l'on puisse réduire le gouvernement des hommes à une technique, en suivant les instructions d'un manuel, sans prendre en compte les aspirations et les souffrances d'une communauté. L'utopie rationnelle du gouvernement des experts, sélectionnés par concours, plutôt que par le suffrage, légitimés par la compétence et la distance, plutôt que par la proximité.

À Sienne, au Moyen Âge, le podestat devait vivre successivement dans chacun des différents quartiers, afin de n'entretenir des rapports privilégiés avec aucun d'entre eux. Celui de Florence devait être né à une distance minimale de cent vingt kilomètres de la ville et ne compter aucun Florentin parmi les membres de sa famille jusqu'au quatrième degré. Pourtant, l'utopie d'un gouvernement *super partes* ne s'est jamais réalisée. Le pouvoir ne saurait être impartial, gouverner impose toujours un engagement dans les conflits de la Cité. Et, en dehors de la compétence instrumentale, pour prendre des décisions il faut toujours disposer d'une compétence morale : aucun choix public n'est purement technique.

Mille ans plus tard, rien de fondamental n'a changé dans la nature du pouvoir. L'illusion de gouverner avec des formules académiques se brise encore une fois sur l'irréductible complexité du réel. Et la débâcle de Super Mario offre au maire de Florence l'occasion de revenir sur la scène nationale.

En septembre 2012, le Parti démocrate lance les primaires pour choisir le candidat qui conduira la gauche aux élections prévues au début de l'année suivante. Encore une fois, les règles de la course sont conçues avec l'objectif principal de barrer la route à Renzi. Et avec l'avantage, pour ses adversaires, d'avoir derrière eux l'expérience des primaires de Florence, et ses erreurs à ne pas répéter. L'état-major du parti sait que les « neutres » de Retz sont l'arme du maire, qu'ils déterminent l'issue des élections et qu'ils n'en peuvent plus des vieux leaders de la gauche. Leur participation aux primaires doit donc être découragée par tous les moyens, pour ne laisser de place qu'aux troupes bien encadrées des militants du parti et des syndicats.

Peu importe si les primaires sont nées précisément comme un instrument pour impliquer un public le plus vaste possible et pour tester les candidats lors d'une compétition ouverte. En 2006 et en 2008, les leaders de la gauche ont été choisis à travers des primaires ouvertes, complètement libres, à un seul tour. Mais c'était le fruit d'un accord préalable entre les cadors du parti : les primaires n'eurent alors que la fonction de ratifier le choix des grands barons démocrates.

Au contraire, aujourd'hui la possibilité d'un coup d'État est bien réelle à l'intérieur du parti, et les notables ne veulent surtout pas risquer de perdre le contrôle de la situation. Ils s'accordent donc sur un schéma très compliqué qui prévoit l'enregistrement préalable des électeurs, du jamais-vu dans le système politique italien. Puis, deux tours au lieu d'un, toujours avec la même idée d'un front qui réunisse tous les candidats anti-Renzi. Et enfin, *probatio diabolica*, la possibilité de voter au deuxième tour réservée uniquement à qui a déjà voté au premier.

Avec ces règles, le secrétaire du parti, Pierluigi Bersani, peut être rassuré : la victoire d'un outsider est pratiquement impossible. Malgré cela, Renzi donne vie à une campagne électorale menée tambour battant. Il sillonne les 108 provinces italiennes en camping-car et, dans chaque ville, remplit les places publiques et les théâtres de supporters enthousiastes. Encore une fois, il propose un programme – et un spectacle – qui dynamite pratiquement tous les tics et les tabous de la gauche.

Au-delà des mesures particulières, ce qui compte est surtout la philosophie de base. L'esprit de la Leopolda est le contraire du montisme – auquel Bersani s'est plié, en devenant le principal soutien parlementaire du gouvernement du podestat.

Si le professeur gouverne le pays au nom d'une nécessité inéluctable, imposée de l'extérieur,

Renzi est convaincu de la possibilité, pour les Italiens, de reprendre leur destin en main.

Si Monti évoque les modèles étrangers, jusqu'à confesser ses rêves teutoniques aux journalistes, Renzi revendique la spécificité d'un « modèle italien » que Fernand Braudel avait déjà décrit dans son livre magnifique des années quatre-vingt.

Si Monti gouverne d'en haut, Renzi défend la primauté des expériences qui partent d'en bas : les communes, qui malgré les coupes budgétaires, continuent à proposer un modèle de bonne gouvernance, les petites entreprises qui, malgré la crise, continuent à innover, les associations bénévoles qui expérimentent de nouvelles façons d'intervenir au niveau social.

Si Monti incarne la dernière tentative, de la part d'une classe dirigeante, de réparer les dégâts qu'elle a elle-même provoqués, Renzi est le héraut de la génération barbare qui entre en scène.

« Ce que la chenille appelle fin du monde, les autres le définissent comme papillon. » C'est de ce slogan, entendu mille fois quand il était boy-scout, que le maire se souvient durant les primaires de 2012. Il en ressort, pour la première fois depuis très longtemps, une vision motivante du futur. Renzi vient de voir le film *No*, de Pablo Larrain, présenté à Cannes quelques mois auparavant. Le film raconte un étrange et décisif épisode de la vie politique chilienne, qui remonte à 1988. Cette année-là, sous la pression internationale, le général Pinochet, au pouvoir depuis quatorze ans, se résout à consulter le peuple sur une prolongation éventuelle de son mandat. Au moment de mener une campagne qui semble perdue d'avance face à des médias aux ordres et à un climat de peur, la gauche chilienne réussit à mettre de côté les souvenirs infiniment douloureux de la dictature. Tout en ayant subi la répression et la torture, les leaders de la gauche comprennent que le référendum n'est pas un règlement de comptes, mais plutôt l'occasion d'offrir une perspective pour le futur. C'est ainsi que naît un clip télévisé devenu célébrissime, « *Chile, la alegría ya viene* » et toute une campagne axée sur l'espoir du futur et la joie, plutôt que sur les récriminations du passé. Au final, à la grande stupéfaction de la junte, et faisant mentir les sondages, la gauche gagne son combat, et chasse enfin Pinochet de la Moneda. Si ceux-là y sont parvenus, pense Renzi, avec toutes les souffrances qu'ils ont endurées, pourquoi n'y arriverions-nous pas ?

Le message du maire de Florence aux militants de son parti ne pourrait pas être plus clair :

là, dehors, il y a un pays qui a profondément changé, mais qui n'est pas foncièrement de droite, ni nécessairement condamné au déclin économique et civil. Les progressistes ont les cartes en main pour sortir de leur mouroir et commencer à donner une voix à l'Italie vivante. Il ne s'agit pas d'élaborer la énième recette miracle, ni de se lancer dans des promesses hyperboliques. « Une autre Italie est déjà là, il suffit de la faire entrer » : c'est le titre du programme de Renzi et une bonne synthèse de sa philosophie.

Pendant les primaires de 2012, le « renzisme » devient un véritable mouvement de masse. La compétition cesse d'être une affaire de parti pour se transformer en un référendum qui divise l'Italie entière. Pour la première fois, les neutres, qui s'étaient toujours bien gardés de s'approcher du Parti démocrate, seule formation à l'ancienne survivant dans le magma postmoderne de la politique italienne, commencent à considérer l'hypothèse de voter à gauche. De ce côté-là, on n'entend plus que les jérémiades de ceux qui pensent, avec saint Augustin, que le monde est immonde. À l'opposé, on commence à voir affleurer les contours d'un projet qui pourrait faire sortir le pays de la crise dans laquelle il s'enfonce depuis des années.

Les sondages signalent un mouvement

d'opinion sans précédent en faveur du maire de Florence. Mais les règles singulières imposées à la consultation empêchent Renzi de remporter la course. Même si toutes les enquêtes d'opinion le placent largement en tête des préférences des électeurs italiens, son score, parmi les inscrits aux primaires de la gauche, s'arrête en dessous de 40 %. Le soir du deuxième tour, Renzi commente : « J'ai fait quelque chose de gauche : j'ai perdu. » Bersani sera le candidat aux élections de février 2013.

Les notables de l'ancien régime pensent avoir sauvé la mise, mais ils se trompent. Privé de l'effet Renzi qui avait dopé les sondages, le Parti démocrate perd rapidement du terrain : les neutres abandonnent le navire quand ils s'aperçoivent qu'il est dirigé par les mêmes personnages mélancoliques qui ont conduit la gauche à toutes les défaites des vingt dernières années. En plus, comme il arrive souvent aux favoris des compétitions électorales, Bersani oublie de faire campagne. Il n'ose rien dire, pour ne pas compromettre les soutiens dont il dispose. Il possède la vitalité d'un zombie et le courage d'un koala. Face à lui, Berlusconi revient encore une fois d'entre les morts, avec une campagne de promesses mirifiques et d'appels anticommunistes. Mais surtout, un étrange parti, qui n'existait pas cinq ans avant, surgit de l'ombre.

Il s'agit du Mouvement 5 étoiles de Beppe Grillo, un comique qui s'est changé en procureur implacable des élites politiques et économiques de la péninsule. Il a commencé en 2005, avec un blog et une série de campagnes sur des fronts délaissés par les partis traditionnels : batailles aux côtés des jeunes précaires du travail et des petits actionnaires des grandes entreprises, initiatives pour limiter le nombre des mandats parlementaires et pour abolir l'ordre des journalistes. Puis, en 2012, la transformation en mouvement politique à l'occasion des élections locales. Un véritable parti, mais avec des règles bien particulières. Radicalement étranger au système, le mouvement refuse tout financement public et propose même l'abolition immédiate de ce système. Ses candidats ne vont pas à la télévision pour ne pas être manipulés. Dépourvus de toute expérience politique, ils sont sélectionnés à travers des primaires sur Internet. En cas d'élection, ils doivent symboliquement remettre leur mandat dans les mains des électeurs tous les six mois et les consulter, toujours par voie électronique, sur tous les choix les plus importants.

Le chef, de son côté, ne brigue aucun

mandat. Il ne se présente pas aux élections, mais reste la voix de stentor du mouvement. Il ne va pas non plus à la télé, mais se matérialise lors de longues tournées, à travers la péninsule entière, qui sont un mix de meeting politique et de stand-up comedy. Hirsute, charnel, courroucé mais presque toujours hilarant, Grillo remplit les salles d'un public qui partage en partie ses idées mais est aussi venu pour s'amuser. La nature virtuelle d'un mouvement qui vit exclusivement en ligne est contrebalancée par la physicalité invasive d'un corps, celui du leader, qui s'agite frénétiquement, hurle et sue sur l'estrade, avant d'exploser en un *« vaffanculo »* libératoire. « Allez vous faire foutre », le slogan officiel du parti, autour duquel il organise même des « V-Day » avec la participation de centaines de milliers de personnes.

S'il pouvait apparaître comme le fruit de la fantaisie d'un Aldous Huxley ayant glissé dans le trash, le Mouvement 5 étoiles est une réalité bien tangible dans l'Italie déboussolée de 2013. Quand le jour des élections arrive, les disciples de Grillo triomphent, en enregistrant 25 % des voix et en devenant le premier parti de la péninsule. C'est du jamais-vu dans l'histoire de la République. Une formation politique qui se présente pour la première fois aux élections et remporte les suffrages d'un quart de l'électorat. Même Berlusconi, en 1994, avait dû se contenter de 21 %. Le triomphe de Grillo marque un point final au système qui a gouverné l'Italie depuis le début des années quatre-vingt-dix.

Au lendemain des élections, ni la gauche de Bersani, ni la droite de Berlusconi ne disposent d'une majorité pour former un gouvernement. Ensemble, les deux formations ont perdu dix millions d'électeurs par rapport aux élections précédentes. L'hypothèse de prolonger la vie d'un gouvernement technocratique est exclue pour la simple raison que Monti a récolté moins de 10 % des voix aux élections, terminant en quatrième position parmi les candidats à la présidence du Conseil. Et sur tout ce petit monde plane la silhouette rieuse du fou du roi qui, du haut de son 25 %, se moque du système en attendant la chute finale.

En février 2013, Rome se réveille dans une atmosphère presque moyenâgeuse. Non seulement la politique est bloquée, le Palazzo Chigi vide et la présidence de la République vacante, étant donné que le septennat du vénérable Giorgio Napolitano touche à sa fin. Mais, dix jours avant les élections, Benoît XVI a ébranlé la chrétienté avec une annonce qui a pris tout le monde par surprise. « Mes très chers frères, je vous ai convoqués à ce Consistoire non seulement pour trois canonisations, mais aussi pour vous communiquer une décision très importante pour la vie de l'Église. »

Le pape a démissionné. Un événement qui s'était produit la dernière fois en 1415. À l'époque, deux pontifes concurrents s'affrontaient sans ménager leurs coups, en alimentant l'une des phases les plus chaotiques et fécondes de l'histoire italienne. À six siècles de distance, la fatigue invoquée par Ratzinger donne l'impression d'avoir envahi l'ensemble du pays. Veuve du pape et de la politique, la Ville éternelle s'apparente à un mollusque privé de son coquillage.

En ces jours, la capitale ressemble à la ville imaginée par Guido Morselli dans son roman prophétique, écrit à la moitié des années soixante-dix et publié après sa mort, *Rome sans pape*. Le baroque du Bernin qui se défait sous les dorures et les moulures intactes. Les couloirs de marbre, débordants de loges, de tableaux et de bibliothèques qui se taisent, orphelins de leurs propriétaires légitimes.

TROISIÈME PARTIE

PALAZZO CHIGI

CHAPITRE X

Comment se débarrasser de tous ses ennemis en quatre leçons – De l'habileté politique considérée comme des beaux-arts.

Dans le premier épisode de la série *House of Cards*, Frank Underwood est de mauvaise humeur. Il s'attendait à être nommé secrétaire d'État alors qu'il lui faut rester à la Chambre des représentants en tant que chef de la majorité. « C'est là que tu peux nous être le plus utile », lui a fait dire le président à peine élu, en trahissant une promesse de campagne.

À cet instant, Underwood s'enferme dans son bureau, pour tisser le fil de sa revanche, celle qui le conduira à éliminer ses adversaires un par un. Quelqu'un lui parle du sénateur Blythe. « C'est un boy-scout », dit-on. Et Frank, avec un rictus : « Personne n'est un boy-scout. Même pas les boy-scouts. »

Voici le monde de *House of Cards*. Une jungle hobbesienne dans laquelle personne n'est innocent et où la seule règle est la survie. Les hommes politiques aiment beaucoup cette série qui décrit leur vie comme une intrigue constante, excitante, rationnelle, alors que la réalité est souvent nettement plus banale. Cela dit, Underwood a raison. « Nobody's a boy scout. Not even boy scouts. »

Quand il évoque sa formation, Renzi joue souvent la carte scoute. Les longues randonnées en forêt, les veillées nocturnes, « la fois où l'on s'est perdus en Garfagnana et où on a été forcés d'attendre les lueurs de l'aube pour comprendre où nous nous étions fourrés ». C'est possible. Personne ne nie la valeur éducative des shorts marron et des feux de camp. Mais l'ingrédient secret du succès de Renzi, celui qui lui a permis de prendre et de garder le pouvoir, n'est pas la promesse des louveteaux.

Il est vrai qu'au lendemain des élections de janvier 2013, la popularité du Florentin est liée à l'approche du maire qui fait les choses, au lieu de se contenter d'en parler. À la massue du jeune impétrant qui veut mettre à la retraite la classe politique en faillite qui administre le pays. Au papillon d'une vision motivante du futur. Mettons-les tous ensemble, ces éléments. Assemblons-les dans un cocktail puissant fait de tweets et d'effets spéciaux, et appelons cela le facteur Robert Kennedy. La jeunesse, le rêve, la rhétorique et les idéaux.

Rien de tout cela n'aurait trouvé un débouché, ni à Florence ni à Rome, s'il n'y avait pas eu, en plus, un facteur ultérieur, moins reluisant, mais tout à fait indispensable pour affronter le marais des jeux de pouvoir. Faute de mieux, nous pourrions le baptiser « facteur *House of Cards* », même si la série américaine ne nous dit rien que Machiavel, Shakespeare et notre bon cardinal de Retz n'eussent déjà abondamment prouvé.

La politique est faite d'improvisation, mais elle ne tolère pas l'amateurisme. Qui l'observe de l'extérieur n'arrive pas toujours à comprendre la logique implacable qui gouverne ses oscillations. C'est un rythme primitif, qui évoque les tribus ancestrales ou les cours de récréation, fondé exclusivement sur la force et dominé par les quelques-uns qui en possèdent l'instinct.

Les amateurs qui s'y risquent restent presque toujours à la surface. Il arrive parfois qu'ils y passent des décennies, en atteignant même les charges les plus hautes et les honneurs suprêmes, sans avoir pénétré pour cela les mécanismes profonds qui régissent ce monde. À chaque instant, les vrais joueurs ne sont jamais plus d'une poignée. Comme les highlanders du film, ils se reconnaissent entre eux et se livrent une guerre sans merci, souvent teintée d'un fond de respect inattendu. Quand Elias Canetti décrit l'homme de pouvoir comme celui qui veut survivre, il se réfère aux chefs de tribu de l'Afrique équatoriale, mais signale une *forma mentis* qui émerge aussi sous le costume bleu marine de l'homme d'État occidental.

La routine politique est constituée d'interminables journées d'ennui, entrecoupées de brèves explosions de violence pure. L'amateur déprime pendant les premières et se trouve horrifié par les secondes. Le professionnel gère les unes et les autres sans perdre son calme, en s'en servant pour alimenter son intarissable élan. Dans plusieurs livres, Régis Debray raconte son expérience en tant que conseiller de François Mitterrand. Il se souvient de son propre épuisement en fin de journée, semblable, dit-il, à quelqu'un qui aurait passé des heures à faire du zapping en face de la télévision. « Cette sensation de surplace épuisant qu'inspire la roue sans fin du travail politico-administratif ; ce soupçon qui vous prend entre chien et loup que les activités cruciales auxquelles vous vous êtes consacré en haletant depuis le matin sept heures étaient insubstantielles, inopérantes, irrémédiablement aqueuses. » Rien de tout cela pour Mitterrand, qui apparaît restauré, intègre, presque revigoré à son conseiller en fin de course.

Le pouvoir est fait de minuties. Le ton d'une invitation, le placement autour d'une table, l'ordre des intervenants lors d'une réunion : tout ce qui contribue à établir une hiérarchie – ou à la subvertir – est sujet à la vigilance du souverain et peut être la cause de sa jouissance.

Dans ses Mémoires, Saint-Simon décrit l'attention méticuleuse que le Roi Soleil accorde au moindre détail de la vie de sa cour. Il ne se préoccupe pas uniquement des agissements des personnages plus importants, mais bien de l'ensemble des dynamiques, même les plus apparemment anodines, qui jaillissent de l'interaction des milliers d'électrons qui s'agitent dans son orbite.

« Il regardait à droite et à gauche à son lever, à son coucher, à ses repas, en passant dans les appartements, dans les jardins de Versailles, où seulement les courtisans avaient la liberté de le suivre ; il voyait et remarquait tout le monde ; aucun ne lui échappait jusqu'à ceux qui n'espéraient pas même être vus. Il distinguait très bien en lui-même les absences de ceux qui étaient toujours à la cour, celles des passagers qui y venaient plus ou moins souvent ; les causes générales ou particulières de ces absences, il les combinait, et ne perdait pas la plus légère occasion d'agir à leur égard en conséquence. »

Rien n'échappe à l'intérêt obsessionnel du souverain, parce qu'il sait que l'essence du pouvoir réside dans le détail. Et que même une perte de contrôle minuscule peut ouvrir une brèche dans sa construction. Seul l'amateur néglige ces aspects, les considérant mesquins. « C'est un caquetage éternel de tabourets dans les Mémoires de Saint-Simon », écrit Chateaubriand avec mépris. C'est sans doute pour cela que la carrière politique du vicomte fut tellement calamiteuse. Les vrais hommes de pouvoir savent qu'aucun détail n'est trop anodin pour mériter leur attention.

Dans l'Italie d'après-guerre, la culture ascétique et méticuleuse du pouvoir s'est incarnée dans la Démocratie chrétienne. Comme on l'a vu, le jeune Renzi a cultivé longtemps, dans les années de son apprentissage politique, la flamme de cette tradition en voie d'extinction, dans l'attente d'en tirer l'étincelle avec laquelle ravager le paysage politique italien.

Qui s'arrête aux tweets et à l'imaginaire postmoderne est destiné à ne rien comprendre à l'ascension du Florentin. L'Italie est pleine de consultants et d'enfants prodiges convaincus que leur maîtrise des présentations en Power-Point leur donne le droit divin de gouverner le pays. La réussite de Renzi se fonde sur des ingrédients plus traditionnels. La capacité à gérer le consensus, à manœuvrer une assemblée, à conquérir un auditoire. Une culture politique à l'ancienne, formée dans les conseils d'école, dans les réunions de parti et dans les meetings sur la place publique.

C'est pour cela qu'au-delà des apparences, la célèbre franchise de Renzi ressemble plutôt à celle du personnage de l'histoire juive qui dit à son collègue qu'il va à Varsovie, afin qu'il pense qu'il va à Lodz, alors qu'il va vraiment à Varsovie. Elle n'est jamais le produit de la naïveté, mais toujours le calcul de quelqu'un qui se projette dans l'anticipation des parties successives.

« L'action politique, à certaines heures, est comme le scalpel du chirurgien, disait François Mitterrand, elle ne laisse pas de place à l'incertitude. »

Au cours des quatorze mois qui séparent sa défaite aux primaires de la gauche de sa nomination comme Premier ministre, le Florentin met en œuvre quatre mouvements d'une incroyable agilité.

Dans un premier temps, il se retire en bon ordre. Tout en étant furieux des conditions de son échec, le maire se plie, du moins en apparence, à la discipline de parti. Il fait taire tous ceux qui continuent à lui dire qu'il n'aura jamais sa place à l'intérieur du Parti démocrate, et soutient le secrétaire pendant sa courte et malencontreuse campagne pour les élections générales. Même après la débâcle électorale il arrive à contenir les sarcasmes qu'on voudrait lui mettre aux lèvres. À tous ceux qui répètent qu'avec lui les choses se seraient passées de manière différente, il répond qu'il est impossible de savoir quel aurait été le résultat s'il avait été candidat de la gauche à la place de Bersani. Il en vient même à plaisanter sur ce récit au futur antérieur de sa candidature : « Ça suffit avec les lamentations épiques du "si on avait eu Renzi". » Puis, reprenant les formes de langage d'Internet, les hashtags moqueurs qui font rire et éclosent souvent sur la Toile, « Dans ce domaine, je préfère encore l'ironie de Twitter et Facebook : si on avait Renzi, les meubles Ikea se monteraient tout seuls. Si on avait Renzi, les roulettes seraient autorisées au baby-foot. »

De plus, il reste à Florence. Ainsi qu'il l'avait annoncé dès le début, il n'acceptera pas de

« prix de consolation ». Il n'a pas fait les primaires pour perdre avec honneur et devenir député ou ministre. « Je voulais changer le pays, dit-il, pas changer de fauteuil. » Cette attitude convainc les vieux militants du Parti démocrate, ceux qui considéraient Renzi comme un aventurier, étranger à leurs valeurs et à la tradition politique du parti, que le Florentin est capable de loyauté et de cohérence. Mais s'ils pensaient s'être libérés du trublion de la gauche, les hiérarques romains du parti devront vite déchanter.

Le deuxième coup du Florentin consiste en effet à se débarrasser pour de bon de Pierluigi Bersani, son rival dans la course des primaires. L'occasion se présente au mois d'avril, quand le Parlement fraîchement élu est réuni en Congrès pour trouver le nouveau président de la République. Très affaibli par ses résultats électoraux, après deux mois de tentatives infructueuses pour rassembler une majorité parlementaire nécessaire à la formation d'un gouvernement, Bersani joue sa dernière carte en essayant de faire élire un président qui lui soit favorable et qui barre la route du Florentin. Dans le système italien, le chef de l'État joue un rôle de gardien des institutions, sans pouvoirs exécutifs, mais qui devient fondamental en cas de crise. Quand une nette majorité n'existe pas, ou plus, il a la charge de trouver une solution, soit en nommant une personne de confiance pour qu'elle tente, tant bien que mal, de gouverner le pays, soit en décidant la dissolution du Parlement pour procéder à de nouvelles élections. Disposer d'un président de la République ami, ou pour le moins non hostile, est très important pour tout acteur politique de premier plan. Au vu de l'instabilité chronique des majorités parlementaires de la péninsule, le chef de l'État a souvent l'occasion d'intervenir et de peser très lourd dans la balance politique.

À l'expiration du mandat de Giorgio Napolitano, le président qui a tant compté dans les péripéties des années précédentes, en sortant par exemple de son chapeau le nom de Mario Monti, Bersani, qui aspire encore à devenir Premier ministre, a comme principal problème celui de faire élire un remplaçant qui lui soit favorable. Il croit avoir trouvé la solution idéale en Franco Marini, un ancien syndicaliste catholique, ex-président du Sénat et adversaire farouche du maire de Florence. Un homme qui fera certainement tout son possible pour barrer la route de Renzi.

À l'intérieur du Parlement, le Florentin n'a pas de troupes. La très grande majorité des élus du Parti démocrate a été recrutée parmi les rangs des fidèles de Bersani. Et dans les autres formations politiques aussi, la tentation de porter à la tête de l'État une figure qui puisse garantir le statu quo est très forte. Le soir du 17 avril, l'élection de Franco Marini paraît inévitable, grâce à une convergence sur son nom du Parti démocrate, de Berlusconi et même de la Ligue du Nord : tous unis par le désir prolonger la vie du vieux système mourant, en mettant le maire iconoclaste sur la touche.

C'est alors que Renzi accomplit un geste qui ne s'était jamais vu, et qui ne se produira peut-être plus jamais, dans l'histoire opaque et guindée des votes pour le Quirinal. Il se rend sur un plateau télé, non pas celui d'une émission politique, mais celui d'une émission pop curieusement baptisée « Les invasions barbares », et attaque frontalement la candidature de Marini. « Élire Franco Marini aujourd'hui veut dire faire une bassesse à l'Italie, pas à Matteo Renzi (...) c'est le candidat du siècle dernier (...) il y en a de bien meilleurs que lui, même dans les rangs de la droite. Je parle en toute connaissance de cause. » Même le candidat choisi par Beppe Grillo, dit encore Renzi, serait mieux que Marini. Puis, il demande à tous ceux qui ont des doutes sur l'ancien syndicaliste d'avoir le courage de se lever et de le déclarer ouvertement.

Pour comprendre l'effet explosif d'une sortie de ce type, il faut connaître l'histoire des élections présidentielles. Au contraire des élections générales, qui impliquent une campagne haute en couleurs, l'élection du chef de l'État a lieu au Parlement, avec un vote secret. Tout se joue à demi-mot, sur la base d'allusions et d'accords discrets entre les mille grands électeurs réunis à l'intérieur du palais de Montecitorio, siège de la Chambre des députés. Le grand public n'est pas invité à prendre part au cérémonial, qui a lieu à portes closes, entre les joueurs d'échecs du Parlement. Les vrais candidats font semblant de ne pas l'être, leurs adversaires promettent leur soutien pour sévir ensuite dans le secret de l'urne. L'atmosphère est celle d'un conclave. Archaïque, vénérable, agoraphobe.

Dans ce type de contexte, l'irruption du Rottamatore produit l'effet d'un ouragan tropical. Comme si un joueur de football américain s'était assis pour un jeu d'échecs, avec son casque et ses genouillères. Pour le Florentin, c'est une partie à très haut risque. En un seul coup, il a violé non seulement la discipline de parti, mais aussi un rituel consolidé en soixante ans d'histoire républicaine. Sur le papier, Marini dispose de 750 votes, plus que suffisants pour lui faire dépasser le quorum des deux tiers de l'assemblée obligatoire pour l'élection. S'il devait y parvenir, comme on peut s'y attendre, la carrière nationale de Renzi serait sérieusement compromise.

Mais le matin suivant, les choses se passent d'une façon bien différente. Le score de Marini s'arrête à 521 votes, bien en deçà des votes nécessaires pour être élu. Plus de deux cents parlementaires de la coalition qui aurait dû élire l'ancien syndicaliste ont entendu l'appel d'un maire de trente-huit ans qui ne siège même pas au Parlement.

À partir de ce moment, le parcours du Florentin devient un peu plus facile, même s'il lui faudra encore surmonter plusieurs obstacles de taille. Incapable de trouver un accord sur le nom d'un successeur, le Parlement est contraint de supplier le président sortant, Giorgio Napolitano, d'accepter un nouveau mandat. À quatre-vingt-huit ans, Napolitano n'est pas exactement le portrait-robot du candidat du Florentin, qui a fondé une bonne partie de sa carrière politique sur le renouveau. Cela dit, les rapports entre les deux hommes sont bons, et Renzi soutient sa réélection avec enthousiasme.

Il se justifiera quelque temps plus tard. « Je

crois que le président de la République italienne est l'un des plus vieux chefs d'État en
charge. Et je crois que le leader de la Corée
du Nord est l'un des plus jeunes chefs d'État
en charge. Le premier a quatre-vingt-huit ans,
le deuxième trente-deux. Y a-t-il une personne
de bon sens qui choisirait Kim Jong-un, le
leader qui a menacé la Corée du Sud et les
États-Unis d'une attaque nucléaire ? Évidemment non. Nous choisirions tous Napolitano
avec conviction. Personne n'accepterait un
échange, même pas sous la torture. » Le fait
que le leader nord-coréen n'ait jamais été
candidat au Quirinal n'est évidemment qu'un
détail.

Quelques jours après sa réélection, Napolitano nomme le jeune vice-secrétaire du Parti
démocrate, Enrico Letta, à la présidence du
Conseil. Letta, quarante-sept ans, est un politique qui aime se donner des airs de technocrate : impeccable sous ses fines lunettes
rectangulaires, toujours vêtu d'un éternel costume sombre, le sourire en coin de l'héritier
habitué à évoluer dans les salons des ministères
un rapport de l'OCDE sous le bras. Nommé
Premier ministre, il forme un gouvernement
de quadras qui lui ressemblent et commence
sa navigation périlleuse avec une majorité

parlementaire allant du Parti démocrate à Berlusconi, en passant par les centristes de Mario Monti.

En même temps, plié par une série d'incidents catastrophiques digne du Coyote du dessin animé, Pierluigi Bersani présente enfin sa démission, et se pose alors la question de sa succession à la tête du parti. Dans le passé, le Florentin a toujours affirmé ne pas être intéressé par cette fonction. Il l'a répété plus d'une fois pendant les primaires de 2012 : il ne se sent pas apte à diriger un parti, il a un caractère trop lié à l'action pour apprécier ce rôle vaporeux, en grande partie fait de manœuvres et de discours.

Un an plus tard, la situation a changé. Le Palazzo Chigi est occupé par un Premier ministre jeune, qui essaie de donner une impression de renouveau, au moins par les visages du personnel politique si ce n'est dans ses pratiques. La seule façon pour Renzi de rentrer dans le jeu est d'assumer le contrôle de ce parti qui a toujours repoussé ses assauts. Le même qui, quelques mois plus tôt, a déployé 106 de ses 108 secrétaires provinciaux en faveur de Bersani contre lui.

Le moins que l'on puisse dire, c'est qu'entre le Florentin et le parti, cela n'a jamais été une grande histoire d'amour. Et c'est d'abord vrai pour des raisons idéologiques et culturelles : Renzi est un anticommuniste féroce, tandis que le Parti démocrate est, en 2013, la seule grande force de la gauche européenne encore dominée par une élite qui a fait ses classes dans l'antique Parti communiste. Mais, dans cette animosité, se trouve quelque chose d'encore plus profond.

Jean-Paul Sartre a expliqué, au début des années cinquante, l'incompatibilité fondamentale qui existe entre l'aventurier et le militant de parti. Le premier, que Sartre préfère appeler « l'homme d'action », revendique son unicité, à la recherche d'un destin de gloire, alors que le second doit être interchangeable. « Le parti n'a que faire des êtres irremplaçables », écrit Sartre. Au contraire, il les craint parce qu'ils représentent une violation de l'idéal de fraternité communautaire sur laquelle se base le militantisme. Bersani incarne à merveille le type du fonctionnaire de parti. Tout son positionnement est basé sur son image de simple militant dévoué à la cause, qui arrive au sommet mais reste un homme ordinaire, le représentant d'une grande formation populaire qui, au contraire de la droite de Berlusconi, n'a pas besoin de fortes personnalités parce qu'elle tire sa force de la dimension collective.

Renzi est tout le contraire. Le prototype même de l'homme d'action décrit par Sartre. Dans des circonstances normales, il serait impossible pour un tel personnage de s'emparer des rênes du seul parti italien encore structuré selon les règles canoniques du Komintern. Un demi-million d'inscrits, plus de quatre cents élus au Parlement, presque tous farouchement opposés au maire, des centaines de sièges distribués le long de la péninsule, des milliers d'employés, deux journaux quotidiens dont l'un fondé par Antonio Gramsci, un patrimoine immobilier et financier considérable.

À l'automne 2013, cependant, le parti qui est sorti indemne de la chute du mur de Berlin ne sait plus où donner de la tête. La stratégie du bon militant Bersani s'est révélée catastrophique. L'explosion en plein vol de Berlusconi n'a pas suffi à garantir le succès de la gauche. L'avancée de Grillo semble inéluctable et ce ne sera pas le faible gouvernement Letta qui inversera la tendance.

L'exigence d'un renouveau radical du leadership commence à être une évidence pour les plus nostalgiques. La passion profonde que la gauche nourrit pour la défaite a une limite. Le levier est, encore une fois, représenté par les primaires. Les statuts du Parti démocrate prévoient qu'elles soient convoquées également pour le choix du secrétaire. Au mois de septembre 2013, Matteo Renzi présente officiellement sa candidature pour le leadership du parti. Pour une fois, il part favori. Battus aux élections, incapables d'envoyer l'un des leurs occuper le Quirinal, exclus du gouvernement des quadras de Letta, les vieux ténors de la gauche acceptent la montée au sommet de Renzi avec résignation. Certains d'entre eux essayent de soutenir la candidature alternative d'un jeune fonctionnaire du parti, ex-communiste, mais l'opération est morte-née. Le 8 décembre 2013, Matteo Renzi est élu secrétaire du Parti démocrate avec 67,5 % des voix. C'est la première fois qu'un leader complètement étranger à la tradition communiste accède à ce rôle. Le lendemain, le Florentin déménage à Rome, forme son équipe (six hommes et six femmes, comme d'habitude) et la convoque pour sept heures du matin. Il n'y a pas un instant à perdre. Le moment du quatrième geste du chirurgien, le plus impitoyable, est venu.

Pendant les mois précédents, Renzi a toujours dit que, s'il aspirait à prendre la tête du parti, ce n'était nullement dans l'optique de tenir entre ses mains le destin du gouvernement Letta. Il a aussi répété plusieurs fois qu'il n'accepterait pas de devenir Premier ministre sans passer par de nouvelles élections.

Le 17 janvier 2014, Renzi revient sur le plateau des « Invasions barbares ». « Je n'ai aucun intérêt à prendre la place de qui que ce soit », maintient-il encore, en lançant un nouveau hashtag sur Twitter #enricostaisereno, ne t'en fais pas, Enrico. Le lendemain, cependant, il rencontre Berlusconi au siège du Parti démocrate et trace avec lui les grandes lignes d'une possible réforme constitutionnelle sur laquelle pourraient converger la gauche et la droite. Le Florentin alimente ce train-train pendant deux semaines, niant presque chaque jour sa volonté de provoquer la chute de Letta, et invoquant un sursaut d'activité du gouvernement qui ne viendra jamais.

Début février, le président de la République prend l'initiative d'une rencontre censée apaiser les esprits, qui produit en réalité l'effet contraire. Renzi retrouve, en cette occasion, la franchise brutale qui l'a toujours caractérisé : « Le gouvernement Letta est impopulaire, il est en train d'affaiblir notre parti. En continuant ainsi, nous allons prendre une claque aux élections européennes. Soit je deviens Premier ministre et nous donnons un très fort signal de changement, soit le Parti démocrate est foutu. » Face à une détermination aussi claire du leader du principal parti de la majorité, le chef de l'État ne peut que prendre acte de la nouvelle donne : le gouvernement en charge ne jouit plus du soutien du Parti démocrate.

Letta refuse de jouer le jeu. Le 12 février, il convoque une conférence de presse vaguement surréaliste, au cours de laquelle il présente son programme pour relancer l'action du gouvernement, en annonçant qu'il est prêt à tenir toute l'année et même au-delà. « Que celui qui veut ma place dise ce qu'il veut faire », ajoute-t-il, en citant un sondage selon lequel trois Italiens sur quatre seraient contre une crise de gouvernement.

Nullement intimidé par cette épreuve de force, Renzi convoque la direction du parti pour le lendemain et procède à l'exécution publique du Premier ministre. 136 membres de la direction votent en faveur du changement de tête au Palazzo Chigi, tandis qu'ils ne sont que 16 dans le camp adverse. L'appareil du parti qui a toujours fait barrage de son corps au Florentin est maintenant à ses pieds. Letta ne peut que présenter sa démission au président de la République.

Dix jours plus tard, le soleil brille sur la Ville éternelle. Renzi remonte la colline du Quirinal, défile en face du premier régiment des grenadiers de Sardaigne, avec leurs toques en fourrure d'ours, semblables à celles des gardes de la reine d'Angleterre, parcourt les salles de l'ancien palais des papes, provisoirement mises au service de la République et prête enfin serment de président du Conseil dans les mains du chef de l'État. « Je jure d'être fidèle à la République, d'en observer loyalement la constitution et les lois, et d'exercer mes fonctions dans l'intérêt exclusif de la Nation. » Difficile, pour les amateurs de séries américaines, de ne pas superposer mentalement les images solennelles qui arrivent du Quirinal à celles, tout aussi solennelles, du serment de Frank Underwood à la fin de la deuxième saison de *House of Cards*.

CHAPITRE XI

*Rome ville ouverte : Renzi s'enferme – Tous
les tabous italiens éparpillés façon puzzle.*

À peine devenu pape, en 1655, le cardinal
Fabio Chigi ose un geste inouï. Il interdit aux
membres de sa famille d'emménager à Rome,
et même de lui rendre visite. Il veut gouverner seul, avec le collège des cardinaux, sans le
cortège traditionnel des familiers et des para-
sites qui accompagne les souverains pontifes
de l'époque. Il lui semble qu'en libérant la
papauté de l'aura de népotisme qui l'entoure
depuis des siècles, bien plus que celle de sain-
teté, c'est la meilleure manière de restaurer son
autorité. Son prédécesseur, Innocent X, était un
Pamphili, romain, descendant de Lucrezia Borgia. Politique très habile, il gérait l'Église avec
quelques membres choisis de sa famille. On dit
de sa belle-sœur, Olimpia, qu'elle avait établi
un véritable tarif sur les prestations du pontife,
de l'audience la plus simple à la nomination

la plus prestigieuse. Pendant le Jubilé de 1649, son neveu, un jeune homme de dix-sept ans chargé d'ouvrir la Porte Sainte de la basilique de Santa Maria Maggiore, fut surpris par les chanoines, pendant qu'il essayait d'emporter un petit coffre rempli d'objets précieux, dissimulé là à la fin du jubilé précédent.

Avec Fabio Chigi, les choses changent. Il n'a pas grandi à l'ombre des vices romains, mais dans la Sienne laborieuse et austère des banquiers et de sainte Catherine. Il a passé ensuite douze ans en Allemagne, à Cologne, ambassadeur inflexible de l'Église de Rome dans les terres de Luther. On connaît de lui ses études philosophiques et ses poésies en latin, ses habitudes simples et son imperceptible accent toscan.

La première année, le pape – qui a pris le nom d'Alexandre VII – se tient à son programme. « Ne sont pas familiers d'Alexandre ceux qui l'étaient du cardinal Chigi », clame-t-il. Et, pendant quelque temps, il conduit une vie exemplaire, entre la messe du matin et les prières du soir. Au fil des mois, cependant, quelque chose commence à changer. Le pape est isolé, sans troupes, dans une Curie gouvernée par les coteries. Il assiste impuissant aux intrigues des vieilles familles, quand il serait si simple de faire appel à des hommes de confiance pour imposer un nouvel ordre. Même un souverain de droit divin est impuissant sur cette terre s'il n'a pas à sa disposition quelques lieutenants fidèles chargés de faire respecter sa volonté.

On voit alors débarquer en ville le frère aîné du pape, Mario, avec son fils de vingt-cinq ans, Flavio, et deux autres fils d'un autre frère défunt. Après quelques mois, Flavio est nommé cardinal et emménage au Palazzo Colonna, sur la piazza Santi Apostoli. Se pose donc le problème d'une résidence pour la branche séculière de la famille. En 1659, le frère et les neveux d'Alexandre VII achètent un palais inachevé en plein centre de la ville, avec l'objectif de bâtir un édifice à la hauteur de leurs ambitions. C'est ainsi que naît le Palazzo Chigi, le quartier général des neveux du pape, enfin admis au banquet du pontificat qui devait abolir le népotisme.

Ce palais est aujourd'hui le siège de la présidence du Conseil des ministres, le lieu depuis lequel se gouverne l'Italie. En pratique, le bureau du Premier ministre est, chez nous, un monument dédié au népotisme. Pire encore, un monument dédié à l'inanité de toute tentative de s'opposer au népotisme. *Inenarrabilis urbs*, dirait Juvénal.

En vérité, on s'en rend compte tout de suite, en passant sous le portail du Palazzo Chigi, même si on ne connaît pas l'histoire du pape qui voulait abolir les privilèges claniques et rappela finalement près de lui ses neveux. Il suffit d'observer le visage des gardiens. Les regards peu convaincus, légèrement moqueurs, même envers les visiteurs du président du Conseil. Surtout envers les visiteurs du président du Conseil. Les gestes rituels très lents. Même s'il y a une raison de se presser. Surtout s'il y a une raison de se presser.

Nous ne sommes plus à Florence. Voici Rome. La ville qui brise depuis toujours les illusions de celui assez naïf pour concevoir l'extravagant projet de vouloir la changer. Un parasite sublime qui survit depuis deux mille ans sur le dos du pouvoir : l'empereur, le pape, plus récemment l'État italien.

Depuis février 2014, ce lieu est exposé à l'invasion barbare de Renzi et des siens. Ce n'est pas la première fois et ce ne sera certainement pas la dernière non plus. Mais ce déferlement présente tout de même quelques traits particuliers.

En règle générale, le barbare débarquant à Rome a tendance à se montrer méfiant. Il sait que la ville en a vu d'autres. Et que rien n'a jamais ébréché son indifférence légendaire. Pour cette raison il avance, plus résolu que jamais, les mâchoires serrées, prêt à en venir aux mains, comme il l'a toujours fait. Rome est son ennemi, tout ce contre quoi il s'est toujours battu, depuis que son père lui a appris à monter à cru dans les bruyères de l'Europe du Nord.

Tout à coup, la ville lui montre un visage inattendu. Compréhensif. Amical. Loin de le traiter comme un parvenu, elle le célèbre comme le héros qu'il a toujours rêvé d'être. Les valets de pied ouvrent toutes grandes les portes des palais, les mondaines l'accueillent dans leurs salons à la mode, les notables partagent leurs meilleurs cigares. Comme il est musclé ! Comme il est vigoureux ! Et même intelligent, ce fascinant barbare. Tout le monde rit à ses bons mots. Toute la ville apprécie sa franchise, cette absence de langue de bois dont on sentait tellement le besoin. Mais surtout, les Romains partagent ses idées, ses valeurs. Ils attendaient depuis si longtemps quelqu'un qui vienne affirmer ces bonnes intuitions avec la vigueur nécessaire. Enfin ! Le barbare est le bienvenu, comme le Martien de Flaiano et tous ceux qui les ont précédés. La ville qui a légué au monde le mot sexe, ainsi que le terme pouvoir, s'offre à lui avec l'abandon languissant d'une impératrice. Que vouloir de plus ?

Pendant quelque temps, le barbare continue à serrer dans son poing la double hache qui l'accompagne partout. Puis, un jour, il la dépose au pied du lit. Seulement pour une heure. Seulement pour une nuit...

L'histoire se répète jusqu'à hier. Quand les nouveaux chefs ont commencé à déferler de Lombardie – Berlusconi et ses troupes de publicitaires en costume, Bossi et les guerriers hirsutes de la Ligue, Di Pietro et les incorruptibles de l'opération Mani pulite –, Rome aurait pu mal le prendre. Au fond, la majorité de ces barbares affichait l'intention de la détruire. « *Roma ladrona, la Lega non perdona* », entonnaient les montagnards de la Ligue du Nord en agitant des cordes de potence dans l'hémicycle. Entre-temps, Di Pietro et ses collègues mettaient en prison la moitié des chefs de parti et des grands argentiers de la ville.

Mais, très vite, le scénario tout tracé s'embrouille. Dans son indulgence magnanime, la capitale a pardonné une fois de plus. Elle a sorti son sourire le plus maternel en serrant les barbares contre elle comme si Romulus et Remus étaient de retour. Et eux, les barbares, les publicitaires, les montagnards, les incorruptibles, se sont laissé prendre au jeu. Les tables d'angle au Bolognese et les loges à l'Opéra, les soubrettes de la RAI et les voitures blindées, les voyages d'État et les places aux conseils d'administration. Et puis toujours plus loin, jusqu'aux appartements offerts et aux bourses de diamants, aux dictateurs exotiques et aux Messalines locales. Jusqu'à ce qu'arrivent, ponctuels, les premières rumeurs et les premiers chantages, les photos volées et les allusions dans les journaux, les reportages télévisés et les enquêtes judiciaires. Puis la chute, ruineuse, infamante. Et enfin le retour à la maison, dans les vallées alpines, piteux, la mine basse et toute honte bue.

« Tout le monde a l'air heureux aujourd'hui, dit Anne Marie von Bismarck à Malaparte dans *Kaputt*. Y a-t-il par hasard quelque nouveauté ? » Et lui : « Que voulez-vous qu'il y ait de nouveau à Rome ? » C'est le sortilège romain. La chaleur irresponsable qui enveloppe d'abord pour étrangler ensuite. L'anesthésie qui inhibe tout changement. Mais pour qu'elle produise son effet, il faut que la victime de l'hypnose sorte au moins un peu dans le monde et dans les dîners en ville. Au contraire, depuis qu'il est à Rome, Renzi a adopté un comportement inouï. Il s'est enfermé au Palazzo Chigi et n'en est plus ressorti. Littéralement. Physiquement. Le bureau au premier étage. L'habitation au troisième. Un ascenseur doté d'un agent de sécurité pour relier les deux. Et c'est tout. Des salades, des oranges pressées, un plat de pâtes, un poisson grillé. Et puis des pizzas à emporter, des jeux vidéo, une pile de DVD.

Quand il est dans la capitale, le président du Conseil ne sort jamais. Ni une fête, ni un dîner, ni un salon, ni une terrasse. Tout juste quelque cérémonie officielle, une réception d'État. Rien d'autre. La seule fois où Renzi est sorti par plaisir, en deux ans, c'était à l'occasion d'un concert au Stade olympique, en compagnie de sa femme.

Face à cette attitude, la Ville éternelle est restée abasourdie. Un peu aussi parce qu'Attila ne s'est pas simplement enfermé à l'intérieur du Palazzo Chigi. Presque chaque jour il apparaît à la fenêtre pour abattre tel ou tel pilier vénérable de la capitale.

Cela commence par l'abolition du Sénat – ou, plus précisément des sénateurs élus. Ils ne voteront plus la confiance au gouvernement, ils n'approuveront plus les lois – qui seront votées par la Chambre des députés seule – et, tant qu'à faire, ils cesseront aussi de percevoir toute indemnité de fonction. Ainsi, les sénateurs passent du statut de mandarins de la République à celui de presse-papiers, sans avoir le temps de s'en rendre compte. Ils se retrouvent condamnés à voter à trois reprises leur propre abolition, comme le prévoit la Constitution. Ironie suprême, le supplice leur est imposé par un gouvernement qui dépend d'eux pour sa survie et ne dispose pas même d'une vraie majorité parlementaire.

Vient ensuite le tour des hauts fonctionnaires. Renzi décide qu'aucun d'entre eux ne peut gagner plus que le président de la République : 240 000 euros par an. Pour certains, cela représente une réduction de moitié de leur salaire, du jour au lendemain. De plus, la réforme de l'administration publique introduit, pour la première fois, la possibilité du licenciement des dirigeants de l'État. Ils ne seront plus, dès lors, aussi intouchables que les cardinaux installés de l'autre côté du Tibre.

Entre-temps, le gouvernement abolit le Conseil national de l'Économie et du Travail, une assemblée pléthorique mais tout de même prévue par la Constitution de 1948, et annule le financement des journaux de parti, qui ferment les uns après les autres. Il réduit les congés des magistrats de 45 à 30 jours par an, active une Haute Autorité contre la corruption dotée de pleins pouvoirs et réintroduit le délit de fausse comptabilité dans les entreprises qui avait été aboli par Berlusconi. Au niveau local, il élimine enfin les provinces, avec leurs innombrables sinécures, et force les communes à fusionner les entreprises publiques. Il y en a sept mille en Italie, contre seulement un millier en France.

Dans la tête du Florentin, cette cure d'amaigrissement infligée aux représentants de la caste est le premier pas pour rétablir la confiance de l'opinion. C'est le premier geste pour montrer que les politiques peuvent changer et se contraindre, au lieu d'imposer toujours des sacrifices aux autres. Au cours des deux premiers mois de gouvernement, toutes ces réformes sont mises en chantier. Certaines, comme le plafonnement des salaires publics, deviennent immédiatement applicables. D'autres, comme l'abolition du Sénat et les autres modifications de la Constitution, vont prendre plus de temps, mais seront enfin approuvées après presque deux ans de slalom parlementaire.

Il ne s'agit que d'un début. Ce n'est qu'avec ces remèdes administrés à ses propres errements que le gouvernement peut avoir assez de crédibilité pour intervenir sur le marché du travail, sur la fonction publique, sur l'école et tous les autres domaines de la vie sociale. Car, bien entendu, Renzi a l'intention de s'attaquer à tous ces chantiers le plus rapidement possible.

Comme Machiavel, le Florentin est convaincu que le premier élément du comportement stratégique, c'est l'action. En situation d'incertitude, dans laquelle la légitimité du pouvoir est précaire et peut être remise en discussion à tout moment, celui qui n'agit pas doit s'attendre à ce que tous les changements aient lieu à son désavantage. Pour Machiavel, qui n'est pas un précurseur du féminisme, « le hasard est une femme, et il est nécessaire, en voulant la soumettre, de la battre et de la heurter ». Si le Florentin ne partage pas le machisme de son ancêtre (il vient de former un gouvernement composé à 50 % de femmes, une première dans l'histoire politique italienne), il en a toutefois retenu la leçon stratégique. À l'opposé d'Enrico Letta, et de la majorité de ses collègues européens, Renzi ne va pas faire face aux difficultés en adoptant la posture de l'immobile, espérant ne pas trop se faire remarquer pour survivre le plus longtemps possible. Bien au contraire, il va s'engager dans la plus vaste entreprise de réformes que l'Italie ait connue depuis des décennies, avec l'objectif de prendre de vitesse ses contempteurs.

L'opération démarre le 18 avril 2014, quand

le Premier ministre annonce d'importantes réductions d'impôts sur les entreprises et sur les bas revenus. Cette dernière, en particulier, prévoit un bonus de 80 euros par mois pour tous les revenus en dessous de 26 000 euros par année. Annoncés en 10 tweets, les 80 euros sont typiques du coup d'éclat à la Renzi. D'un côté, ils répondent à une logique politique et économique précise. En donnant un coup de pouce aux revenus les plus bas, on va dans la direction de l'équité sociale et on espère relancer la consommation. En même temps, les 80 euros sont une mesure facile à communiquer. Pas de schémas compliqués, de barèmes, ni de termes bureaucratiques : 80 euros de plus, clairement indiqués sur la feuille de paie de chaque employé y ayant droit. Surtout, le bonus est presque immédiat. Il ne s'agit pas de l'annonce d'un projet destiné à se réaliser à une date lointaine. Renzi passe à la télé et il annonce une échéance certaine : dans six semaines, vous recevrez votre feuille de paie et il y aura 80 euros de plus dessus. Point final.

C'est le coup habituel de l'annonce kamikaze. L'approche d'un maire, plus que celle d'un Premier ministre. L'intendance est horrifiée, mais que peut-elle y faire ? Le nouveau président du Conseil vient de jouer tout son capital politique sur une mesure que la majorité des technocrates du ministère des Finances jugent impossible. Il va falloir produire un miracle.

Et c'est bien ce qui se passe, six semaines après. Les dix millions de travailleurs y ayant droit reçoivent les 80 euros sur leur bulletin de paie. Pour y arriver, les technocrates ont été forcés de revenir sur un gros cadeau fiscal fait aux banques par le gouvernement précédent.

Les 80 euros sont le coup d'envoi spectaculaire d'une politique qui vise à alléger la pression fiscale sur les entreprises et les particuliers, en réduisant les dépenses de l'État et en éliminant les avantages fiscaux des lobbies. Ce qui n'avait jamais été une priorité de la gauche italienne devient l'un des axes fondamentaux de la politique du gouvernement, au cri de « Baisser les impôts n'est pas de droite : c'est juste ».

C'est un premier tabou qui tombe. D'autres, plus intouchables encore, suivront de près.

Deuxième mouvement : la réforme du travail. Elle marque la fin d'une hypocrisie, où une gauche prise en otage par les syndicats combattait la précarité croissante du travail par des mots, tout en la soutenant dans les faits. Le secret de Polichinelle du système précédent étant que la protection prévue par le Statut des travailleurs de 1970 ne s'appliquait plus qu'à une minorité d'employés.

Le Jobs Act de Renzi est une petite révolution parce qu'il est conçu pour éliminer la barrière entre insiders et outsiders qui a traversé le monde du travail au cours du dernier quart de siècle. En créant un contrat unique, à durée indéterminée, avec un régime de protection croissant, en le rendant avantageux pour les entreprises à travers une série d'avantages fiscaux, la réforme élimine la jungle des petits contrats précaires, renouvelables à l'infini, qui ont tenu une génération entière en marge de la vie professionnelle.

S'il est vrai que l'emploi ne se crée pas par décret, il est vrai aussi que les lois ont le pouvoir d'orienter le marché vers des formes d'organisation différentes. Au cours de la première année de son application, la réforme produit 221 000 nouveaux emplois et presque un demi-million de conversions de CDD en CDI. Les jeunes s'insèrent mieux dans la vie active, ils ont des droits progressifs inscrits sur un contrat, avec lequel, désormais, ils peuvent obtenir un prêt de leur banque.

Cette évolution ne va pas sans heurts. Au cours de l'automne 2014, les syndicats multiplient les grèves, tandis que leurs leaders comparent Renzi à Margaret Thatcher. Les mêmes contestations accueillent les autres réformes introduites par Renzi dans le secteur public, de l'école au statut des fonctionnaires.

Le 12 décembre, des centaines de milliers de personnes descendent dans la rue à l'occasion de la grève générale proclamée par le principal syndicat de gauche. Les transports sont paralysés alors que 54 manifestations se déroulent tout au long de la péninsule. Partout, des ballons avec le portrait de Renzi en Pinocchio s'élèvent dans les airs, pendant que les manifestants scandent le slogan de la journée : *Così non va !* Ça ne va pas comme ça !

Pourtant, cette opposition, massive et bruyante, n'entame pas la volonté du Florentin. Ni, d'ailleurs, sa popularité. Au contraire, le fait que ce soit justement une partie de la gauche traditionnelle qui se révolte contre lui conforte la cote de Renzi auprès des électeurs modérés. Il avait promis une approche différente des problèmes du pays, et la révolte des soutiens de l'ancien régime prouve qu'il est en train de tenir parole. Il faut dire aussi que, s'il pulvérise les tabous de la vieille gauche, le Florentin n'a pas plus d'égards pour ceux de la droite.

Au cours de la première année de son gouvernement, Renzi réforme par exemple le code de la nationalité, en permettant aux fils d'immigrés d'acquérir la citoyenneté italienne s'ils ont fréquenté l'école de la nation pendant cinq ans, ou si l'un de leurs parents a un permis de séjour de longue durée. Puis, contre l'avis de l'Église, il s'attaque au divorce, réduisant de moitié les délais d'attente et simplifiant les procédures. Entre-temps, il augmente de presque un tiers le budget du ministère de la Culture, que Berlusconi avait ravagé, et introduit la première loi contre la pauvreté enfantine. Enfin, début 2016, il propose, pour la première fois dans la législation italienne, les unions civiles pour les couples homosexuels. Une très vieille promesse de la gauche, que personne n'avait réussi à réaliser, face à l'opposition irréductible du monde catholique.

Le 30 janvier 2016, un million d'opposants défilent dans les rues de Rome. C'est, encore une fois, une mobilisation impressionnante contre les réformes de Renzi. Mais, cette fois, au lieu de venir de la gauche syndicale, elle provient de la droite conservatrice. Une fois de plus, cependant, le Florentin ne se laisse nullement impressionner. La loi sur les unions civiles est votée au Parlement quelques jours plus tard.

Au total, cela fait plus de 300 lois et décrets approuvés par le gouvernement en deux ans, sans une vraie majorité au sein du Parlement... Pour obtenir ce record, le Florentin est entré en collision avec pratiquement tous les pouvoirs constitués de la société italienne. Non seulement les augustes sénateurs, mais aussi les syndicats et le patronat, les hauts fonctionnaires et les magistrats, jusqu'à l'Église catholique et aux enseignants.

Les syndicats opposés à la réforme du travail et les catholiques hérissés par les droits civils des couples homosexuels témoignent d'une opposition inédite et coriace, qui unit les conservateurs des deux bords, contre les réformes introduites par le Florentin. En s'exposant à gauche puis à droite, en ne se ménageant aucun allié ni relais d'intérêts, Renzi prend des risques. Il malmène systématiquement les groupes organisés, les corporations, les barons des affaires, les porte-paroles du Nord industrieux ou les représentants du Sud catholique, n'hésite jamais à se brouiller avec ses alliés possibles autant qu'avec ses partenaires naturels. Son programme de gouvernement est une longue succession de provocations et de déclarations de guerre à tous ceux qui étaient les appuis politiques des autres dirigeants. Pourtant Renzi va garder, longtemps, le soutien d'une vaste partie de l'opinion publique, après avoir remporté, au printemps 2014, 40,8 % des voix aux élections européennes (ce qui représente un bond de 15 points par rapport aux élections de l'année précédente, et le score le plus élevé enregistré par un parti politique en Italie depuis 1958...). Apparemment, les électeurs ne partagent pas tout à fait le jugement négatif que les coteries ont du jeune barbare.

CHAPITRE XII

*Petit précis en cinq chapitres pour ceux qui
voudraient rénover la gauche.*

La peur est l'âme secrète du monde. Le
moteur invisible qui fait bouger l'histoire et
forme les destins des civilisations. C'est du moins
ce que pensait un maître hérétique et brillant,
aujourd'hui presque oublié, qui a consacré son
existence à l'étude du pouvoir. Il s'appelait
Guglielmo Ferrero et il n'y avait pas de place
pour lui dans l'Italie fasciste de l'entre-deux-
guerres. Il déménagea donc en Suisse, poursuivre sur les rives d'un des lacs les plus paisibles
du monde ses réflexions sur la peur, la violence
et la légitimité. « L'homme vit au centre d'un système de terreurs, en partie naturelles, en partie
créées par lui-même, réelles et imaginaires ; ces
dernières plus terribles encore que les vraies »,
écrivait-il. « La civilisation est une école de
courage et sa mesure est donnée par le résultat
des efforts que l'homme fait pour vaincre ses

peurs chimériques et pour reconnaître les vrais dangers qui le menacent. Progrès est tout ce qui sert l'homme ou l'aide à vaincre les peurs imaginaires, à découvrir et éliminer les vrais dangers. »

Les anciens peuples guerriers connaissaient bien cette vérité élémentaire. Dans la mythologie grecque, Phobos était le dieu de la peur et, avec son frère Deimos qui incarnait la terreur générée par la guerre, ils étaient capables de paralyser les armées les plus redoutables et de transformer des victoires déjà acquises en débâcles. C'est pour cette raison que les habitants de Sparte avaient dédié un temple massif à Phobos et étaient prêts à tout pour se concilier ses faveurs.

Née pour conjurer la peur, l'Europe a rempli sa fonction pendant longtemps. Mais elle s'est transformée aujourd'hui en un multiplicateur de peurs. Crises financières, réformes imposées d'en haut, immigration, désaffiliation culturelle, terrorisme. Il n'y a plus aucun front sur lequel l'Europe parvienne encore à rassurer ses citoyens, au lieu de multiplier les causes d'incertitude. Toutes les enquêtes d'opinion disent que le continent est traversé par une vague de défiance sans précédent. Et toutes les élections confirment que les partis traditionnels ne parviennent plus à apporter de réponse à ce sentiment. Ils cherchent alors refuge dans l'invective du populisme. Ce qui est une façon confortable de donner un nom vaguement péjoratif à ce que l'on ne comprend plus.

Hic sunt leones, écrivaient les anciens Romains sur les cartes des territoires qu'ils ne connaissaient pas. Le problème est que les lions rôdent aujourd'hui autour de Westminster et de l'Élysée. Il est si commode de parler de populisme pour décrire ces phénomènes... L'histoire même du terme montre à quel point il s'agit d'une accusation léniniste, une injure qu'une avant-garde illuminée croit pouvoir adresser impunément aux franges arriérées et rebelles. Il est pratique de décrire ces mouvements comme de l'anti-politique... Sans tenir compte du fait que les populismes sont presque les seuls à croire encore en les capacités de l'action politique à transformer la réalité. Il est si commode de lancer des appels effrayés et menaçants pour défendre la démocratie... Sans voir que les mouvements populistes se fondent presque toujours sur la demande de plus de démocratie, en face de systèmes politiques dans lesquels les résultats des élections ont de moins en moins d'importance. Et ce n'est certes pas par hasard qu'ils se développent de manière plus vigoureuse là où l'alternance n'existe pas, ou n'existe qu'en apparence.

Cela veut-il dire que les mouvements populistes sont un don du ciel ? Certainement pas. La majorité des solutions qu'ils proposent sont inadaptées, souvent brutales, parfois indignes. Mais ils ont le mérite de prendre au sérieux les préoccupations des électeurs, au lieu de se limiter à les observer d'en haut, en essayant de leur expliquer pourquoi ils ont tort d'avoir peur.

Les vieilles élites, qui s'obstinent à pratiquer le jeu traditionnel de la politique de l'avant-crise, traversent partout de graves difficultés. Et il ne s'agit probablement pas d'un hasard si c'est surtout la gauche, avec sa conviction d'incarner presque naturellement les intérêts du « peuple », qui peine à s'adapter au nouveau scénario. Un peu partout en Europe, les grands partis de la gauche sociale-démocrate sont les plus atteints par cette montée des angoisses, encaissant échecs ou faux succès, voyant leur hégémonie culturelle leur échapper.

C'est dans ce contexte que l'aventure de Renzi au cœur du Palazzo peut être déchiffrée comme l'ébauche d'un manuel du populiste de gouvernement : un abrégé en cinq chapitres pour essayer de restituer crédibilité et force à la gauche modérée au temps de Grillo, de Podemos et de Donald Trump.

1. *La Rottamazione*

Le premier chapitre du manuel est évidemment constitué par une fracture nette avec le passé. Ce qui, dans le cas de Renzi passe par le renouvellement des générations et son altérité radicale par rapport à la classe politique qui a gouverné l'Italie au cours du dernier quart de siècle. « Est-ce démagogique de dire à l'élite : rentrez tous chez vous ? », se demande le Florentin dans l'un de ses livres. « En partie, oui. Mais il y a des moments où il faut risquer de gagner en chevauchant la démagogie plutôt que d'être sûrs de perdre vautrés dans l'apathie. »

Au cours des dernières années, les classes moyennes ont perdu du terrain partout. Aujourd'hui, la majorité des électeurs européens se sentent plus vulnérables, plus exposés à la crise et moins préparés à affronter le changement qu'à la fin du siècle dernier. Partout, les élites produisent l'incertitude, au lieu de rassurer. Dans le meilleur des cas, elles donnent l'impression d'être à la merci de forces incontrôlables. Dans le pire, d'être indifférentes au destin des gens. Il est donc parfaitement naturel que les électeurs aient soif de renouveau, et se cherchent des leaders les plus éloignés possible du pouvoir en place.

Ce n'est d'ailleurs peut-être pas un hasard si dans des pays comme l'Espagne et la Grèce, marqués jusqu'à une époque récente par des dictatures de droite, les nouveaux mouvements protestataires se sont développés surtout à gauche, avec Podemos et Syriza. Alors qu'en France et en Allemagne, où les leaders de la gauche radicale ont été au pouvoir et où le tabou se situe plutôt de l'autre côté, le vote de protestation se dirige surtout vers l'extrême droite, exclue du pouvoir pendant toute la période d'après-guerre.

Dans un contexte de défiance généralisée gagne celui qui parvient à incarner le rôle de l'outsider de la façon la plus convaincante. Et sur ce front, l'hostilité manifeste des insiders, ceux qui profitent du système, ne peut que le renforcer. Durant toutes les phases de son ascension, et aujourd'hui encore au Palazzo Chigi, une des ressources principales de Renzi a été la provocation face aux membres de la caste. En menaçant d'abord de les mettre à la casse, et en passant très vite aux actes, le Florentin s'est attiré les foudres de la vieille classe politique, des syndicats, des hauts fonctionnaires et de tous les personnages les plus usés et impopulaires de la scène publique italienne. Bien évidemment, la posture de l'outsider est beaucoup plus difficile à tenir quand on se retrouve au cœur du pouvoir. Berlusconi y est parvenu pendant deux décennies, mais il n'a presque rien fait. En agissant et en réformant, comme le fait Renzi, il est plus difficile de garder la fraîcheur du rebelle antisystème, quoi que ce ne soit pas complètement impossible.

La technique du Florentin pour ne pas être identifié à la caste, tout en occupant le Palazzo Chigi, se fonde sur deux ingrédients : le premier relatif au style et le deuxième à la substance. D'un côté, il s'agit de n'avoir de cesse de dégonfler l'emphase du pouvoir avec une attitude toujours très informelle. « Il n'y a pas de Charles », disait Malraux de De Gaulle. Ici, c'est le contraire: il n'y a pas de Renzi, il n'y a que Matteo. Vous voulez entrer en contact avec le président du Conseil ? Écrivez à matteo@ governo.it. C'est Matteo qui signe les E-news qu'il continue à écrire de son poing, c'est Matteo qui s'adresse aux enseignants, aux parents d'élèves, aux étudiants, Matteo qui enlève sa cravate dès qu'il le peut et glisse une blague sur le championnat de football même quand il rencontre Obama ou le pape. D'autre part, à cet aspect formel, s'ajoute la substance d'une guerre toujours renouvelée aux privilèges de la caste, d'où la production constante d'ennemis. Les plus rusés d'entre eux se sont contentés – et se contentent encore aujourd'hui – de le combattre en silence. Mais presque personne n'arrive à se retenir et, tôt ou tard, face à une provocation particulièrement brutale, vient immanquablement le moment où ils réagissent à haute voix, en manifestant toute leur haine pour ce jeune homme si mal élevé. À chaque fois, l'hostilité du système ne fait que conforter Renzi dans son rôle préféré d'enfant terrible. Le récit de Renzi – moi contre les puissants – requiert une provision constante d'ennemis. Leurs hurlements rendent crédible le changement, mais le temps seul dira si cette stratégie aura été suffisante pour neutraliser de manière durable la marée populiste qui continue à s'agiter aux portes du pouvoir.

2. *La parresia*

Un des éléments de crise de la politique traditionnelle se situe au niveau du langage. L'ambiguïté de formules opaques utilisées pour recouvrir des compromis à la petite semaine. L'hypocrisie, les euphémismes destinés à masquer des sacrifices bien réels (la flexibilité, la compétitivité, les réformes...). La banalité d'expressions formatées pour la télévision et les médias sociaux. Presque partout, la politique s'exprime en code. Et les politiques sont reconnaissables aux concepts grandiloquents et vides qu'ils répètent à longueur de journée face à toutes les caméras disponibles.

Sur ce plan aussi, Renzi a introduit une rupture. Le Florentin ne prend jamais de détours. Il n'emploie aucune de ces périphrases qui n'apparaissent naturelles qu'à ceux qui habitent le microcosme du pouvoir. Bien au contraire, il se moque souvent du langage guindé des technocrates et des politiciens, au point de proposer une sorte de petit manuel de traduction dans son livre *Fuori !*. Par exemple, quand un homme politique dit : « Nous pensons que Monsieur Machin constitue une ressource d'un intérêt certain pour le parti », selon Renzi, cela signifie en réalité : « Monsieur Machin est foutu, nous allons nous en débarrasser, mais ne le lui dites pas. »

Les Grecs parlaient de *parresia*, le langage de la franchise, opposé à la rhétorique : un langage qui n'a pas pour but de caresser son auditoire dans le sens du poil, mais plutôt de lui ouvrir les yeux. Si la politique consiste d'abord à poser des mots sur ce que vivent les gens, à rendre compréhensibles les choix publics et leurs objectifs, la *parresia* est l'un des antidotes possibles à la fatigue démocratique. Gouverner, dit Pierre Rosanvallon, signifie avant tout rendre le monde intelligible. Tout le contraire de ce que la majorité des hommes politiques s'emploie à faire depuis des années, en accumulant le jargon technocratique et en rendant de plus en plus opaque la perception de la réalité.

Une des raisons du succès des populistes réside dans leur capacité à simplifier la réalité, souvent de façon manichéenne, mais en donnant au public l'impression de comprendre ce qui se passe autour d'eux. La différence entre leurs positions et celles des partis traditionnels n'est parfois qu'une question de langage. En analysant le programme de Jörg Haider, le leader populiste autrichien décédé il y a quelques années, une équipe de politologues s'était aperçue qu'il ne différait qu'à la marge de celui de la droite traditionnelle. Mais le style, lui, était très différent. Direct, provocant, mal élevé.

La grossièreté est l'un des reproches que, dès le début, les vieilles élites ont fait au Florentin. Elles avaient raison. Renzi est véritablement malséant. Mais, contrairement aux apparences, il ne s'agit pas d'impertinence. La vraie impertinence vient de ceux qui continuent à employer un langage non pertinent pour décrire la réalité. La *parresia* est toujours pertinente car elle décrit la réalité et la rend accessible à qui ne détient pas nécessairement un doctorat en économie politique. À qui suit l'actualité à travers les « Guignols » plutôt qu'en lisant *The Economist* chaque vendredi.

Cela dit, ainsi que nous l'avons vu, la *parresia* de Renzi n'exclut pas la manœuvre et la dissimulation. « Jamais rien ne coûta moins au Roi que de se taire profondément et de dissimuler de même », écrit Saint-Simon à propos du Roi Soleil. Ce qui compte, c'est que le langage soit toujours direct, immédiatement compréhensible, même là où il n'est pas sincère à cent pour cent.

Vient ensuite le choix des moyens. Comme d'autres hommes politiques de sa génération, Renzi a une prédilection pour les médias grand public. Cependant, contrairement à d'autres hommes politiques qui tombent dans le piège de la politique spectacle, Renzi utilise ces canaux pour véhiculer son message, au lieu d'exhiber une sphère privée qui reste jalousement protégée des regards indiscrets. En passant en revue les apparitions du Florentin sur les plateaux des émissions du dimanche après-midi ou sur les couvertures de la presse people, la politologue Sofia Ventura a constaté qu'il y parle toujours de politique, et jamais de famille ou de temps libre. Les images de sa femme, Agnese, sont rarissimes et celles de ses trois enfants pratiquement inexistantes.

En fait, Renzi adopte les codes du pop sans aucune inhibition. Au cours des dernières années, les Italiens l'ont vu faire du bâton sauteur avec l'animatrice d'une chaîne musicale, participer au talent show le plus populaire des chaînes de Berlusconi, se renverser une bassine d'eau glacée sur la tête pour une campagne de fundraising. Mais l'exhibition de sa personnalité est toujours intégrée à la narration publique, sans jamais dévoiler quoi que ce soit de privé. L'intimité que le public sent avec le personnage politique le plus extraverti de sa génération s'arrête sur le pas de la porte et n'investit pas la dimension privée. En cela, la stratégie communicationnelle du Florentin diffère radicalement de celle d'autres hommes politiques, comme Nicolas Sarkozy, qui ont joué eux aussi la carte de la « peopolisation », mais ont fini par se faire piéger par la confusion entre vie publique et vie privée.

3. La transgression

Le troisième ingrédient du populisme de gouvernement est la transgression systématique des barrières idéologiques. Au bilan des deux premières années de gouvernement, Renzi peut se targuer d'avoir mis en place des mesures qui brisent des tabous de la gauche – les nouvelles règles pour le marché du travail, la réduction des impôts et la réforme de l'État qui met l'accent sur le moment de la décision. D'autres qui brisent les tabous de la droite – l'introduction du droit du sol pour les immigrants, des unions civiles pour les couples homosexuels, le divorce simplifié, la loi contre la pauvreté enfantine.

Cette approche ressemble beaucoup à la triangulation inaugurée par Bill Clinton à la moitié des années quatre-vingt-dix. Récupérer systématiquement les thèmes et les préoccupations de l'adversaire, combattre et gagner ses propres batailles en terrain ennemi, au lieu de se retirer dans la tranchée de son identité naturelle. Briser les tabous de son propre camp, pour sortir de la logique partisane.

L'électorat modéré a traditionnellement deux grandes préoccupations qui le retiennent de voter à gauche : que cette dernière augmente les impôts et qu'elle ne soit pas suffisamment ferme sur le front de la sécurité. C'est ce que Philip Gould a rebaptisé le « Fear Factor », le facteur de la peur. Au cours des années quatre-vingt et de la première moitié des années quatre-vingt-dix, le

Labour britannique est presque toujours en tête des sondages au début de la campagne électorale, pour être ensuite battu par les conservateurs le jour du vote, grâce au Fear Factor. En 1987, une réponse incertaine du leader travailliste sur sa position en cas d'invasion soviétique permet aux Tories de tapisser la Grande-Bretagne d'affiches qui, sous la mention « La politique militaire du Labour », montrent un soldat avec les mains levées en signe de reddition. En 1992, l'ambiguïté de la gauche en matière fiscale permet à John Major de gagner les élections en démontrant qu'un succès travailliste se traduirait par une augmentation d'impôts de 1 250 livres sterling par an pour chaque foyer.

C'est pour cette raison que la priorité de Blair, à peine élu leader du parti travailliste après quinze ans de défaites, a été de désamorcer le Fear Factor, en offrant des garanties sur le plan fiscal, ainsi que sur celui de la sécurité. Après la guerre en Irak et la crise financière, la leçon du leader britannique a été oubliée et vilipendée. Encore aujourd'hui, la *damnatio memoriae* qui pèse sur la tête de Blair pousse le Labour dans une direction de plus en plus improbable, jusqu'à récupérer les recettes calamiteuses des années soixante-dix.

Pourtant, Blair a été le seul leader progressiste

de l'après-guerre qui ait gagné non pas deux, mais trois élections politiques. Et si cela s'est produit, ce n'est pas seulement grâce à la magie noire des *spin doctors* ou de dieu sait quelles intrigues transatlantiques. La vérité est que, au cours des dix ans de son gouvernement, Blair a produit des résultats qui feraient aujourd'hui encore pâlir d'envie n'importe quel leader de la gauche européenne. Deux millions et demi de nouveaux emplois, l'introduction d'un salaire minimum, un investissement sans précédent sur les écoles et les hôpitaux, les unions civiles pour les couples homosexuels : personne, dans les dernières décennies, n'a fait autant pour mettre en œuvre un agenda véritablement progressiste. Pourtant, il n'est resté de lui que l'image d'un homme de pouvoir cynique et manipulateur, prêt à tous les compromis et attaché à l'argent.

Renzi ne voit pas les choses ainsi. Il a connu l'ancien Premier ministre au début de son mandat comme maire de Florence. Et il n'a cessé de s'inspirer de son expérience, ainsi que de celle, fondatrice, de Clinton. « Blair sans la guerre », serait une synthèse possible de la leçon que le Florentin a tirée de cette fréquentation, mais encore faudrait-il que Renzi ait le moindre goût pour la théorie politique.

Ce qui n'est pas le cas. Rien n'intéresse moins

le Florentin que de se positionner sur l'axe idéologique du XXe siècle qui va de gauche à droite en passant par le centre. Au maximum, si on le force vraiment à se soumettre à l'exercice, il s'en sortira avec une phrase du type : « Je ne sais pas si je suis de gauche, mais je fais des réformes de gauche. »

Son instinct lui dit qu'on remporte les élections en gagnant le soutien des neutres de Retz. Et que se rapprocher du centre ne signifie pas nécessairement perdre des voix à gauche. Le vieux parti travailliste des années quatre-vingt n'exerçait pas la moindre attraction sur les électeurs modérés, tout en perdant des votes parmi les ouvriers et les militants traditionnels. Au contraire, Blair a pendant longtemps séduit les uns comme les autres.

En Italie, les progressistes ont été victimes pendant des décennies du piège du « pas d'ennemis à gauche », qui les poussait à dire tout et son contraire pour ne pas perdre l'appui des groupes les plus radicaux. En 2006, la coalition qui soutenait le gouvernement Prodi allait des leaders des mouvements de squatteurs de logements vides aux banquiers de Goldman Sachs. Avec, pour résultat, celui de perdre ses soutiens des deux côtés. Au contraire, aujourd'hui Renzi a violé la majorité des dogmes de la vieille gauche. Et pourtant, aux dernières élections européennes, il a récupéré énormément de voix dans les milieux populaires, ceux-là mêmes qui avaient cessé depuis longtemps de croire au Parti démocrate.

4. *Le rythme*

Quand, le 21 février 2014, Renzi s'enferme avec le président de la République dans une salle du palais du Quirinal pour lui présenter la liste de ses ministres, la rencontre se prolonge beaucoup plus que prévu. Une demi-heure. Une heure. Une heure et demie. Les journalistes qui se pressent dans la salle d'attente comprennent que ce qui n'est d'habitude qu'une simple rencontre formelle est en train de prendre la forme d'un match acharné. Les indiscrétions, les théories et les prévisions vont bon train, dans le murmure étouffé de ce biotope naturel pour rumeurs que constitue une salle de presse. Entre-temps, les caméras continuent à encadrer la porte désespérément fermée, flanquée de deux gardes en armes. C'est alors que surgit un tweet en direct du bureau du président : @matteorenzi : « J'arrive, j'arrive ! ». Et quelques minutes après, voici

Renzi ému et souriant qui débite les noms du gouvernement le plus jeune, et avec la proportion de femmes la plus élevée, 50 %, de l'histoire d'Italie.

À partir de ce moment, il est souvent arrivé que les annonces les plus importantes du gouvernement passent par Twitter. Clair. Direct. Le moyen s'adapte parfaitement au message. Si la communication de Renzi se base sur deux ingrédients, la liquidation de la vieille classe politique et l'énergie du jeune maire qui fait les choses au lieu d'en parler, les réseaux sociaux représentent le véhicule idéal sur les deux fronts. D'un côté, ils contournent les élites traditionnelles : les journaux et les télévisions contrôlés par les partis et les hommes politiques moins jeunes, habitués à un rythme différent, géré par les bureaux de presse. D'autre part, Twitter transmet un symbole de décision, de concret, de vitesse. Peu de balivernes. 140 signes.

En plus, les réseaux sociaux produisent un retour immédiat : l'opinion peut réagir. Quand le calife Harun al-Rashid voulait se faire une idée de l'opinion réelle que les citoyens de Bagdad avaient de lui, il devait se déguiser et faire le tour des gargotes. Aujourd'hui, il lui suffirait de parcourir une timeline sur son téléphone pour connaître plus ou moins l'humeur du souk. Les tweets n'ont peut-être aucune valeur statistique, mais ils présentent l'immense avantage, par rapport aux opinions des conseillers et des courtisans, de ne pas être filtrés, dénués qu'ils sont de toute flatterie et de toute arrière-pensée.

Mais il ne s'agit pas que de communication. Le rythme est, pour Renzi, une question de substance. L'approche du maire, que le Florentin a importée au Palazzo Chigi, est toujours de se présenter comme celui qui préfère les solutions concrètes, capables de produire un impact immédiat dans les délais les plus courts. L'essentiel n'est pas le programme, c'est le calendrier, martèle Renzi au cours des premiers mois de son gouvernement : la promptitude fait partie de la décision, elle en est même l'un des éléments qualifiants.

D'où le recours systématique à ce que nous avons défini comme l'annonce kamikaze. La proclamation qu'une mesure va entrer en vigueur à une date précise, ce qui force l'intendance à suivre au pas de charge. La méthode de la transformation piétonne du Duomo, au mépris de tous les avis administratifs et des angoisses indignées des fonctionnaires, appliquée à la politique économique, au marché du travail, aux réformes institutionnelles.

Derrière cette approche, il n'y a pas que la marque d'une personnalité frénétique ou l'exigence tactique de suivre le rythme de la communication. Il y a surtout le pari que la rapidité est une façon de reconstruire la confiance sur le long terme.

C'est un pari risqué. Mais c'est peut-être aussi la seule manière de répondre à l'impatience que l'électorat manifeste face à la longueur des procédures politiques. La révolution digitale a habitué le public à des temps de réponse immédiats. Toute une génération est en train de grandir avec l'idée que pour chaque problème, il y a une application, sur son smartphone, capable de le résoudre. Si les décisions n'arrivent pas en temps réel, les hommes politiques sont perçus comme dépassés. Si le gouvernement annonce la suppression d'un impôt ou l'introduction d'une réforme, le public s'attend à ce que la taxe n'existe plus dans la semaine, ou que le changement soit effectif dès le lendemain.

Il s'agit d'attentes irréalisables, mais qui veut gouverner doit les prendre en charge. Encore une fois, les ignorer, ou adopter la posture du pédant, la baguette toujours levée, n'a aucune utilité. La confiance ne s'établit pas par décret. Elle dépend de l'expérience que les gouvernés ont de la fiabilité des gouvernants. En Italie, ainsi que dans le reste de l'Europe, la confiance est au plus bas, parce que les citoyens n'ont pas l'impression que les actes suivent les paroles. Au contraire, un nombre croissant d'entre eux ont la sensation de vivre dans une république bananière, où les votes se succèdent sans produire le moindre impact sur la façon dont les affaires publiques sont gérées.

Le pari des changements immédiats, c'est d'essayer d'inverser cette spirale de doute, en prouvant que la politique est encore capable de produire un impact concret sur la réalité, dans des délais raisonnables. Il ne s'agit pas tant de transformations générales que de petits signaux concrets : 80 euros de plus par mois pour les revenus les plus bas, un plafond pour la rétribution des serviteurs de l'État, un timbre bureaucratique qui disparaît ou l'entrée gratuite dans les musées.

Au début, il ne s'agit que d'une surprise et elle ne change pas vraiment la perception de l'opinion publique, mais si le spectacle de discours suivis de faits tangibles devient une habitude, alors il est possible qu'une faille commence à s'ouvrir dans le mur de scepticisme qui entoure la politique comme une carapace. Et il se peut que les électeurs recommencent à accorder un peu plus de confiance aux gouvernants.

Notre société a besoin de réformes de longue haleine, qui ne porteront leurs fruits qu'après des années. Mais la seule façon de rétablir l'atmosphère de confiance indispensable pour les mettre en œuvre est de produire des résultats concrets ici et maintenant. C'est le grand paradoxe du populisme de gouvernement : un exercice périlleux, toujours sur le fil de la contradiction.

5. *Le papillon*

Les visions apocalyptiques ne sont (presque) jamais à l'origine des mouvements d'opinion qui changent l'histoire. Si Martin Luther King avait fait un cauchemar, au lieu d'un rêve, les Afro-Américains seraient peut-être encore en train d'attendre la fin de la ségrégation, et l'un d'entre eux n'occuperait certainement pas la Maison-Blanche. Les leaders qui veulent imposer le changement ne s'enferment pas dans la tranchée du ressentiment, ils mobilisent toutes les énergies positives dont ils peuvent disposer.

La promesse de la vieille économie, qui a accompagné la gauche jusqu'à avant-hier, sonnait plus ou moins ainsi : « Si vous travaillez dur et épargnez, alors vous serez récompensé par un revenu croissant tout au long de votre carrière et par une retraite fiable. » Cette promesse de stabilité a été balayée et ne peut pas être restaurée. L'idée que les seules batailles qui méritent d'être livrées soient celles pour la défense des droits acquis est absurde. La nouvelle économie a besoin d'une vision motivante et d'institutions conçues pour la faire fonctionner. La seule issue est de parvenir à impliquer les forces les plus dynamiques dans la construction d'un nouveau modèle compétitif qui ait le même potentiel d'inclusion social que le précédent.

En ce qui concerne l'Italie, l'optimisme du Florentin se base sur la conviction que, dans un monde dominé par le capitalisme culturel, dans lequel la première entreprise de la planète s'appelle Apple et où la valeur esthétique et d'usage d'un produit compte au moins autant que le contenu technologique, il doit bien y avoir une place pour un pays qui, comme le disait Fernand Braudel, « a fait de la culture sa grande affaire » depuis au moins cinq siècles.

Contrairement à ses prédécesseurs à la tête de la gauche, Renzi pense que « l'Italie doit faire l'Italie » est non pas qu'elle doit s'efforcer de ressembler un peu plus à l'Allemagne. « Je ne veux pas changer le caractère des Italiens, répète-t-il souvent, je ne veux changer que leur humeur. » Il y a sans doute une dose de méthode Coué dans l'approche du Florentin. La conviction qu'un peu d'estime personnelle en plus constitue le premier pas pour sortir de la crise.

C'est d'ailleurs la grande différence par rapport aux populistes. Là où ces derniers jouent toujours sur la peur, le Florentin vise à inspirer la confiance et le désir. Avant même d'arriver au gouvernement, les discours de Renzi mettent l'accent sur les opportunités plus que sur les risques. Son objectif est de bâtir une vision motivante du futur, et non de miser sur les angoisses des électeurs.

De ce point de vue, l'attitude de Renzi ressemble un peu à celle d'Obama, le candidat qui aurait pu, en 2008, baser toute sa campagne électorale sur la crise financière et la débâcle militaire de la présidence Bush, et qui choisit plutôt l'optimisme qui caractérise la meilleure tradition démocrate depuis Franklin Delano Roosevelt.

La conséquence de cette approche est un programme fondé sur l'ouverture, bien plus que sur la résistance ou le retour en arrière. Si la vieille gauche et la nouvelle droite ont en commun la nostalgie du petit monde ancien à l'intérieur duquel on restait entre soi et où tout était simple, Renzi trace l'horizon de l'ouverture maximale. Européen convaincu, il harcèle ses homologues sur les politiques de croissance et sur l'accueil des migrants. Adepte du digital, il impose à l'administration italienne la transparence du Freedom of Information Act. Cosmopolite culturel, il confie la direction des principaux musées de la péninsule, parmi lesquels les Offices de Florence, Capodimonte à Naples et les galeries de Brera à Milan, à des directeurs étrangers.

« Au passé, merci. Au futur, oui », la phrase de Dag Hammarskjöld revient comme un mantra pendant les deux années du gouvernement Renzi. Plus populiste que les populistes, le Florentin est parvenu à réduire le débat politique à un affrontement entre ceux qui disent oui – au gouvernement, au futur, à la vie… – et ceux qui disent non – qu'il surnomme « *i gufi* », les hiboux.

Le schéma sur la base duquel il a gagné les élections européennes de 2014 est le même qu'il entend appliquer aux prochaines élections générales. C'est pourquoi il a promu un référendum populaire sur les réformes constitutionnelles introduites par son gouvernement. À cette occasion, prévue pour l'automne 2016, l'électorat sera appelé à approuver, ou à rejeter, l'abolition du Sénat et les autres changements voulus par Renzi. Et, forcément, le Florentin se retrouvera encore une fois seul contre tous, du côté du oui, contre Berlusconi, la Ligue du Nord, Grillo et la gauche radicale, tous inconfortablement pressés dans les rangs du non. C'est pour Renzi la position naturelle. Sauf que, cette fois, il se retrouve du côté du pouvoir, tandis que ce sont plutôt ses adversaires qui brandissent la menace de la mise à la casse du gouvernement. Le Florentin s'est présenté au rendez-vous avec son panache habituel, en annonçant qu'en cas de défaite, non seulement il démissionnerait de son poste, mais il quitterait carrément la vie politique. Ce qui n'a fait que redoubler la détermination de ses adversaires, bien décidés à transformer le référendum en une mise à mort politique du Premier ministre.

Par la suite, le président du Conseil a tenté de baisser le ton de la campagne. Les élections générales ne sont pas prévues avant 2018, mais le référendum reste tout de même l'un des passages les plus délicats de sa carrière. Il ne s'agit certes pas du premier, mais peut-être du plus important : de celui qui décidera si l'aventure de Renzi est destinée à entrer à plein titre dans l'histoire d'Italie ou si elle ne restera que l'un des épisodes dont est parsemée la vie publique de cet ancien pays polychrome et indifférent. Toute la route parcourue par le Florentin jusqu'à présent lui aura servi, au fond, à en arriver là.

CONCLUSION

Après la défaite navale de Salamine, l'empereur perse Xerxès, furieux, chercha un responsable. Plutôt que ses hommes, sa stratégie, ou son incompétence, il trouva un fabuleux coupable : la mer. Il ordonna aussitôt à ses soldats de fouetter les flots, pour châtier cet évident et unique fauteur d'infortune.

Les partis traditionnels ont, face au populisme, la même attitude que l'empereur Xerxès. C'est à travers l'Europe tout entière, que la gauche traditionnelle s'est transformée en une gauche persane. Elle se tient là, assise sur les rives de la mer Égée, à pester contre les vagues qui l'ont poussée au naufrage, tandis que d'autres, plus courageux, livrent bataille en haute mer. En Allemagne, le SPD glorieux de Willy Brandt et Helmut Schmidt est devenu la béquille d'Angela Merkel, et les seuls dangers pour le leadership de la chancelière d'acier arrivent de la droite, non pas de la gauche. En

Grande-Bretagne, pour ne pas se confronter sérieusement à l'héritage de Tony Blair, le parti travailliste s'enfonce de plus en plus inexorablement dans la spirale de l'insignifiance. Les recettes du nouveau leader, Jeremy Corbin, donnent l'impression d'avoir été recopiées au papier carbone des plateformes calamiteuses des travaillistes des années soixante-dix, qui ont condamné le parti à quinze ans d'opposition. En France, les socialistes sont au pouvoir, mais toujours tiraillés entre des impulsions et personnalités différentes, sans jamais réussir à suivre une ligne cohérente dans le temps. De la Grèce à la Scandinavie, en passant par la péninsule ibérique et par l'Europe de l'Est, les partis d'inspiration sociale-démocrate sont en crise partout, devancés à gauche par de nouveaux mouvements plus agressifs et à droite par des conservateurs et des populistes sans complexes, capables de répondre aux attentes de ce qui était un temps l'électorat de la gauche.

Dans ce cadre, Renzi est un cas à part. Le seul amphibie de la gauche européenne : moitié homme d'État et moitié populiste. Une créature mutante, qui vient d'un parti traditionnel, mais qui a développé des poumons neufs pour survivre dans le climat contemporain du populisme antisystème.

Contrairement à la gauche persane, Renzi ne pense pas que les électeurs qui votent à droite, ou pour les nouveaux partis populistes, le font parce qu'ils se trompent, parce qu'ils sont trop ignorants ou apeurés pour entendre la voix de la raison. Ni que la tâche des progressistes est simplement de les éclairer de leurs lumières pour les reconduire sur la bonne route.

Au-delà des apparences, son expérience recèle une leçon d'humilité. Si la gauche persane apparaît déconnectée du monde réel et des préoccupations de sa base traditionnelle c'est parce que, dans la majorité des cas, elle l'est vraiment. La seule façon de sortir de cette situation est de tendre l'oreille, au lieu de fouetter la mer. De prendre au sérieux les peurs des électeurs au lieu de leur expliquer qu'elles sont déplacées.

Vu de près, le parcours de Renzi – la conquête du pouvoir et les deux premières années de gouvernement – contient plusieurs enseignements pour la gauche européenne. Jusqu'à aujourd'hui ils sont restés lettre morte, parce que les étrangers considèrent la politique italienne un peu comme le disait un ancien correspondant du *Monde* : « Si vous pensez avoir compris quelque chose, cela veut dire qu'on vous a mal expliqué. » Autant se passionnent-ils pour l'art ou la cuisine, pour la mode et les paysages, les estimant comme un patrimoine commun, d'accès facile et de compréhension immédiate, autant ils jugent les intrigues de la politique italienne ésotériques et provinciales, les laissant volontiers aux autochtones, se limitant à secouer la tête de temps en temps, souriants ou navrés face au énième changement de gouvernement ou à l'apparition d'un personnage encore plus haut en couleur que d'habitude.

Les étrangers n'ont pas tous les torts. Et les joies des manœuvres inextricables qui se déroulent chaque jour à l'intérieur d'un petit quadrilatère de rues du centre de Rome sont certainement un plaisir difficilement traduisible. Une de ces choses, comme le bouzkachi afghan ou les insectes frits thaïlandais, dont la consommation est réservée à un public majoritairement local.

Pourtant, si l'on faisait l'effort d'observer la situation d'un point de vue plus général, on verrait qu'il n'y a rien de plus simple et transparent que la politique italienne. Pour la simple raison que, depuis un siècle, l'Italie a été le laboratoire de tous les courants qui ont traversé la société européenne. Depuis qu'au lendemain de la Première Guerre mondiale, les masses ont fait leur entrée dans l'arène publique, la péninsule a vécu toutes les grandes fractures internationales en prise directe, les anticipant et les reflétant comme aucun autre pays. En Italie bien plus que dans n'importe quelle autre communauté nationale, les tensions qui traversent une époque se traduisent souvent en expériences politiques originales, parfois destinées à faire des émules dans d'autres contextes.

Quand il débarque à Venise en 1922, Stefan Zweig est surpris de voir courir dans les rues des jeunes groupés et disciplinés. Dans un premier temps, il pense qu'il s'agit de communistes, comme en Allemagne et dans le reste de l'Europe. Mais, peu à peu, il comprend qu'il s'est trompé, ce sont les militants d'un nouveau credo : « Ce fascisme légendaire, que je connaissais à peine et qui était quelque chose de réel, quelque chose de très bien dirigé qui fanatisait en sa faveur des jeunes gens résolus et audacieux. » Dans cette période d'après-guerre, Mussolini a compris le premier que la conservation pure et simple aurait été insuffisante pour faire face à l'onde de choc du mouvement communiste, qu'il fallait une alternative révolutionnaire pour conquérir le pouvoir avec le soutien d'une partie de la jeunesse et du prolétariat (« La tactique suivie par Mussolini pour s'emparer de l'État ne pouvait être conçue que par un marxiste », commente Malaparte). Le fascisme comme réalité politique naît ici – et c'est à ce modèle que se rapportent non seulement le national-socialisme, mais toutes les autres formes de fascisme qui se développeront dans l'Europe de l'époque.

Au début de 1945, Staline formule à Yalta l'hypothèse d'une division de l'Italie en zones d'influence sur le modèle de l'Allemagne, avec le nord-est du pays aux mains des Soviétiques. La solution n'a pas été retenue, mais un rideau de fer continuera à traverser la péninsule pendant toute la guerre froide, avec le Parti communiste le plus fort de toute l'Europe occidentale, toujours à un pas du pouvoir suprême.

Et ce n'est pas un hasard si en 1991, quand l'Union soviétique sombre définitivement, le système politique italien fond comme la glace du lac Baïkal au printemps. L'ensemble des partis qui ont gouverné l'après-guerre disparaissent en quelques mois et s'ouvre alors la longue saison de la désagrégation politique, au cours de laquelle l'Italie expérimentera pratiquement toutes les formes de post-démocratie possibles. De la montée en puissance des juges à la personnalisation extrême du berlusconisme. Du localisme de la Ligue du Nord au baptême du feu de la nouvelle gauche altermondialiste au G8 de Gênes. De la technocratie de Ciampi et de Monti au populisme à l'état pur de Beppe Grillo.

Du début des années quatre-vingt-dix à aujourd'hui, il n'y a presque aucune formule politique que l'Italie n'ait testée avant les autres. Comme si elle était vraiment un microcosme dans lequel se reflète – pour le bien et pour le mal – la modernité politique de l'Occident. Et comme si les courants souterrains qui traversent la société européenne attendaient d'atteindre la péninsule pour enfin émerger.

Par rapport à la vague populiste qui touche aujourd'hui l'ensemble de l'Europe, l'Italie se trouve donc aujourd'hui dans la position de Dr Dre : « *Been there, done that.* » L'Italie n'est certainement pas à l'abri, et peut être frappée, comme les autres, par cette étrange maladie. Cependant, à force d'être soumise à l'agression du virus dans toutes les formes possibles, la péninsule a également développé certains anticorps.

C'est justement parce qu'elle contient une part de populisme, que la méthode Renzi est un antidote possible pour combattre ce phénomène. Contrairement à ce que l'on dit, le populisme n'est pas antipolitique, mais hyperpolitique. Il alimente la conviction que les gouvernants ont bel et bien le pouvoir de changer les choses. Et que s'ils ne le font pas, ce n'est que parce qu'ils sont faibles, incapables ou corrompus. En conséquence, le populisme est une énergie, susceptible d'être récupérée au profit d'un programme de changement politique. Dans la majorité des cas, ce carburant est aspiré par des mouvements radicaux, de gauche et de droite, qui le mettent au service d'un agenda de repli, protectionniste, quelquefois raciste. Mais il ne s'agit pas d'un destin inéluctable. Les leaders modérés peuvent puiser eux aussi l'énergie populiste, pourvu qu'ils soient porteurs d'un projet de changement crédible. C'est évidemment un exercice périlleux, très éloigné de la tranquille navigation fluviale de la politique traditionnelle. Un peu comme parcourir les ruelles de Pampelonne une cape rouge sur les épaules. Mais il n'y a pas d'alternative.

Renzi est, pour le moment, le seul leader européen qui ait réussi à mettre l'énergie du populisme au service d'un agenda de mesures qui vont dans la direction de l'ouverture et de la croissance. Après deux ans et demi de gouvernement, les résultats sont là : la plus vaste entreprise de réforme que la politique italienne ait connue au cours du dernier quart de siècle ; une stabilité de gouvernement obtenue dans des conditions théoriquement impossibles, sans une vraie majorité parlementaire ; les principaux indicateurs économiques et sociaux qui ont recommencé, après des années de déclin, à bouger dans le bon sens. Et une victoire électorale, aux européennes de 2014, qui a porté le Parti démocrate au niveau de la Démocratie chrétienne des années cinquante.

Pourtant, malgré ces résultats, l'avenir de l'expérience renzienne est loin d'être assuré. Le poids de la dette publique reste le symbole du parc d'attractions italien : le passé qui écrase le présent et le futur, comme ces anciens palazzi qui tournent en plâtre le sang de leurs occupants. Une génération entière d'Italiens risque de rester à la marge, avec un taux de chômage qui rode autour de 30 % au niveau national et qui dépasse les 40 % dans les régions du Sud. Et un électorat qui reste assez confus, avec un degré de volatilité très élevé, qui a favorisé l'ascension de Renzi jusqu'ici, mais pourrait tout aussi facilement se retourner contre lui. Cela dit, le Florentin représente aujourd'hui le seul modèle novateur parmi les progressistes européens. Il y a, dans son expérience, des composantes qui dérivent des caractéristiques d'un personnage hors du commun et d'un pays tout aussi particulier, mais il y a aussi l'embryon d'une nouvelle façon de faire de la politique. Comme si en Italie, et en Italie seulement, avait pris le pouvoir une génération de barbares, d'enfants du millénaire, cosmopolites et enracinés, avides de vitesse, d'imprudence et de changement. Nul ne sait si cette entreprise inédite va réussir, mais son existence montre que la péninsule est toujours le laboratoire idéologique du continent. Et que les Florentins n'ont peut-être pas encore prononcé leur dernier mot en matière d'innovation politique.

TABLE

PREMIÈRE PARTIE
Palazzo Medici

*Composition et mise en pages
Nord Compo à Villeneuve-d'Ascq*

Cet ouvrage a été imprimé par
CPI FIRMIN DIDOT
pour le compte des Éditions Grasset
en septembre 2016

N° d'édition : 19567 – N° d'impression : 00000
Dépôt légal : septembre 2016